Afheldt/Rogge
Geht uns die Arbeit aus?

Prognos Forum
Zukunftsfragen

Heik Afheldt / Peter G. Rogge
(Hrsg.)

Geht uns die Arbeit aus?

Vorausgedachtes

von Ralf Dahrendorf
Georg H. Endress
Hansjürg Mey
und Heimfrid Wolff

Prognos Forum
Zukunftsfragen
Poller / Huber

CIP-Kurztitelaufnahme der Deutschen Bibliothek

Geht uns die Arbeit aus?:
Vorausgedachtes/Prognos-Forum Zukunftsfragen.
Heik Afheldt; Peter G. Rogge (Hrsg.).
Von Ralf Dahrendorf . . . –
Stuttgart: Poller; Frauenfeld: Huber, 1983.
ISBN 3-87959-199-7 (Poller)
ISBN 3-7193-0877-4 (Huber)

NE: Afheldt, Heik [Hrsg.];
Dahrendorf, Ralf [Mitverf.];
Forum Zukunftsfragen
‹02, 1982, Basel›; Prognos-AG ‹Basel›

Gemeinschaftsproduktion der Verlage
Poller, Stuttgart, und
Huber, Frauenfeld

Horst Poller Verlag
April 1983
ISBN 3-87959-199-7
Vertrieb in der Bundesrepublik Deutschland
durch Verlag BONN AKTUELL GmbH, 7000 Stuttgart 31

Verlag Huber, Frauenfeld
Huber & Co. AG
CH-8500 Frauenfeld
April 1983
ISBN 3-7193-0877-4
Vertrieb in der Schweiz und in Österreich

Umschlagentwurf: Jürgen Reichert, 7000 Stuttgart-Stammheim
Gesamtherstellung: Süddeutsche Verlagsanstalt und Druckerei GmbH
7140 Ludwigsburg

Printed in Germany

Inhaltsverzeichnis

Heik Afheldt/Peter G. Rogge

Zukunftsfragen der Arbeitswelt

(Vorwort der Herausgeber)

Seit Jahren weisen die Arbeitslosenziffern in den westlichen Industrieländern einen hartnäckigen Trend nach oben auf. Offizielle Arbeitslosenquoten erreichen in einigen Volkswirtschaften die 10%-Marke. Mehr als 30 Millionen Menschen in den Ländern der OECD sind arbeitslos. Vorausschätzungen zeigen weitere drohende Zunahmen auf Jahre hinaus an.

Die Arbeitslosigkeit stellt die Wirtschafts- und Gesellschaftspolitik vor anscheinend unlösbare Aufgaben. Die sozialen Systeme fangen derartige Mengen von Arbeitslosen nicht mehr auf. Sie stoßen an finanzielle Grenzen. Reaktionen von Gruppen, die von der Arbeitslosigkeit besonders hart betroffen werden – Ausländer, Jugendliche, ältere Menschen und Menschen in bestimmten Regionen – werden zunehmend zu gefährlichem Zündstoff für den sozialen Frieden.

Die Wirtschaftspolitik reagiert auf das Problem hoher Arbeitslosigkeit mit irritierend unterschiedlichen, ja gegensätzlichen Rezepturen. Die Wissenschaft erscheint ratlos. »Gerechtere Verteilung der immer knapper werdenden Arbeit auf alle« einerseits, eine auf vermehrte Produktivitätssteigerung orientierte Wachstumspolitik mit bewußter Freisetzung unproduktiver Arbeitskräfte andererseits. Beide Arten von Beschäftigungspolitik finden wir zur Zeit in mehr oder weniger idealtypischer Ausprägung unter verschiedenen Voraussetzungen in unterschiedlichen Ländern in »Erprobung«, jeweils ohne bisher spürbare Verringerung des Phänomens Arbeitslosigkeit.

Ein weiterer Lösungsvorschlag, nämlich wieder längere Arbeitszeiten und Inkaufnahme von realen Lohneinbußen zur Senkung der Lohnkosten und Verbesserung der Wettbewerbssituation, stößt auf heftige Ablehnung und hat deshalb wenig Chancen: Resignation vor diesem Problem droht. Die Frage: Was kann getan werden, um zu neuen praktikablen Lösungsansätzen zu kommen?

Zahlreiche Vorschläge werden diskutiert, wenige in Experimenten überprüft. Offenbar haben wir die richtigen Rezepte noch nicht gefunden.

Die Lösungen liegen vermutlich zwischen den herrschenden Ideologien und Dogmen. Mit überkommenen, ja überholten Konventionen innerhalb der Arbeitswelt nutzen wir die Möglichkeiten nicht, die uns neue Produktionstechnologien und intelligente Informationssysteme geben. Zudem erhält die Arbeit im Wertewandel neue soziale und psychische Bedeutung. Die Verteilung der Arbeit über die Lebenszeit, das Jahr und die Woche steht deshalb ebenso zur Disposition wie die dazugehörenden Ausbildungssysteme. Unser Arbeitsvertragsrecht, die Formen, in denen wir Arbeit in fixen Arbeitsmengen trotz schwankender Beschäftigung kontrahieren, ist noch immer unangebracht starr.

Flexiblere Formen müssen erprobt werden. Ansatzpunkte bieten sicherlich die neuen Technologien, die Neuorientierung der Organisation der betrieblichen Arbeitsstruktur und flexiblere rechtliche und soziale Rahmenbedingungen für die Beschäftigung. Die rundherum expandierende Schattenwirtschaft zeigt die Folgen erstarrter Arbeits- und Beschäftigungsstrukturen – aber auch lehrreiche Ansatzpunkte dafür, wie Erfordernisse der organisierten Arbeit und Ansprüche und Bedürfnisse der Menschen nach sinnvoller und produktiver Tätigkeit besser aufeinander abgestimmt werden können.

Jede Idee, jeder Beitrag, jedes Experiment auf diesem Gebiet ist dringlich und willkommen.

Vor diesem Hintergrund wurde das Thema für das PRO-

GNOS FORUM ZUKUNFTSFRAGEN 1982 ausgewählt. Veranstalter des Forums ist der FREUNDESKREIS PROGNOS, der sich im Herbst 1979 aus Anlaß des 20jährigen Bestehens der PROGNOS AG konstituierte. Ihm gehören ehemalige Mitarbeiter der PROGNOS sowie andere an der Arbeit der PROGNOS interessierte Persönlichkeiten an. Gemeinsam ist den Mitgliedern des Freundeskreises die aktive Anteilnahme an der Gestaltung unserer Zukunft. In diesem Sinne hat der Freundeskreis einen Preis gestiftet, der an dem jährlich zusammen mit der PROGNOS veranstalteten PROGNOS FORUM ZUKUNFTSFRAGEN[1] verliehen wird.

Preisträger sind Persönlichkeiten oder Institutionen, die zu einem wichtigen Zukunftsthema hervorragende Beiträge geliefert haben. Ihnen wird die Möglichkeit gegeben, am PROGNOS FORUM ZUKUNFTSFRAGEN ihre Standpunkte vor einem größeren Kreis von Mitgliedern des Freundeskreises, eingeladenen Gästen und Mitarbeitern der PROGNOS vorzutragen und zur Diskussion zu stellen. Thema und Preisträger werden von einer Jury ausgewählt[2].

Zum Thema des PROGNOS FORUM ZUKUNFTSFRAGEN 1982 wurden eine Frage und eine programmatische Aussage für die Lösung eines der größten Probleme der vor uns liegenden Jahrzehnte gewählt:

Müssen wir morgen weniger oder mehr arbeiten? Ansatzpunkte für eine flexiblere Gestaltung der Arbeitswelt.

Mit den PROGNOS-Preisträgern 1982 hat die Jury Persönlichkeiten herausgehoben und damit ihre bemerkenswerten Anregungen und praktischen Beispiele zur Erklä-

1 Das PROGNOS FORUM ZUKUNFTSFRAGEN wurde 1982 zum zweiten Mal veranstaltet. Preisträger des Forums 81 zum Thema KONTRAPRODUKTIVE SOZIALPOLITIK – GEFAHREN UND AUSWEGE waren Dr. Renate Merklein, Heinz Nixdorf, die Eidgenössische Kommission für Jugendfragen.

2 Der Jury gehören folgende Herren an: Heik Afheldt, Basel; Jörg Dieter, Köln; Gerhard Kocher, Zürich; Werner Meyer, Basel; Peter G. Rogge, Basel; Manfred Timmermann, St. Gallen.

rung und Überwindung von Arbeitslosigkeit durch Innovation gewürdigt. Es sind dies:

- Herr Prof. Dr. Ralf Dahrendorf, London, Direktor der London School of Economics and Political Science;
- Herr Georg H. Endress, Reinach, Geschäftsführer der Fa. Endress & Hauser GmbH & Co., Maulburg;
- Herr Prof. Dr. Hansjürg Mey, Bern, Ordinarius für Informatik und Direktor des Instituts für angewandte Mathematik an der Universität Bern.

Ihre Gedanken und die der übrigen Referenten und Diskussionsteilnehmer am PROGNOS FORUM ZUKUNFTSFRAGEN 1982 am 29. 10. 82 in Basel scheinen uns geeignet, die Diskussion um die Notwendigkeit rascher Reformen unseres Beschäftigungssystems ebenso zu fördern wie dazu anzuregen, neue Formen der Arbeitsorganisation und der Arbeitsverträge zu finden und in der Praxis zu erproben.

Geht uns die Arbeit aus? ist die Frage, unter die wir die Veröffentlichung der Beiträge gestellt haben. Die Antwort ist: Arbeiten müssen, werden und sollten wir, so lange wir Armut auf der Erde haben oder befürchten müssen und so lange Arbeit nicht nur etwas hervorbringt, sondern als Tätigkeit auch Befriedigung verschafft.

Aber wir könnten es uns leisten, die notwendige Arbeit anders zu gestalten, sie besser mit Phasen der Freizeit und der Aus- und Weiterbildung zu verbinden.

Es führt in eine Sackgasse, erfahrene ältere Menschen immer früher aus dem Arbeitsleben zu verbannen und junge, arbeitsfreudige Menschen immer länger in oft theoriebelasteten Ausbildungsanstalten festzuhalten. Dies ist kein Weg zu einer besseren »Verteilung« der knappen Arbeit.

Unsere Hoffnung ist, daß die hohe Innovationsfähigkeit, die in unseren Ländern immer noch auf technischem Gebiet besteht, auch als soziale und organisatorische Innovation die überfälligen Strukturreformen der Beschäftigung bewältigen und damit die Probleme in der Arbeitswelt möglichst rasch verringern helfen.

Heik Afheldt Peter G. Rogge

Basel, im März 1983

Heimfrid Wolff

Müssen wir morgen weniger oder mehr arbeiten?

Vor fast genau drei Jahren prognostizierte PROGNOS – Europäisches Zentrum für angewandte Wirtschaftsforschung in Basel – in ihrem Report Nr. 9 und kurz danach noch einmal in einer Untersuchung über die Folgen des technischen Wandels auf Arbeitsmarkt und Gesellschaft der Bundesrepublik Deutschland Arbeitslosenzahlen in den Größenordnungen von 1,7 bis 1,8 Millionen für die Mitte der 80er Jahre. Gleichzeitig wurde vor allem auf die Gefahren wachsender Polarisierungen und wachsender politischer Probleme hingewiesen. Dies wurde ihr seinerzeit als Panikmache und ungerechtfertigter Pessimismus ausgelegt.

Etwa zur selben Zeit, vor knapp drei Jahren, begann PROGNOS auch in der Schweiz mit einer Untersuchung über die Folgen der technischen Entwicklung auf die verschiedenen Wirtschaftszweige. Als in für die Untersuchung erforderlichen Gesprächen die Behauptung gewagt wurde, daß die offensichtlichen Schwierigkeiten im Bereich der Uhrenindustrie in den kommenden Jahren auch in anderen Industriezweigen auftreten könnten, wurde noch ungläubige Skepsis geerntet. In der Zwischenzeit hat die tatsächliche Entwicklung die damaligen Befürchtungen bereits überholt.

In diesem Jahr nun drehte sich die Kritik plötzlich um: Als der PROGNOS-Report Nr. 11 erschien mit einer Schätzung von 1,9 Millionen registrierten Arbeitslosen für die Bundesrepublik Deutschland 1985 aber auch der Aussage, daß sich diese Werte bis 1990 leicht und danach relativ schnell verringern könnten, mußten die Berichterstatter sich die Frage gefallen lassen, woher sie denn diesen Optimismus nehmen.

Angesichts der gegenwärtigen Arbeitslosenzahl fällt es offensichtlich schwer, sich die prognostizierte »Talsohlenentwicklung« vorzustellen, selbst wenn man theoretisch konjunkturelle Verwerfungen bei Langfristprognosen zugute hält. Auch in der Schweiz, deren Arbeitsmarkt gemessen an der Situation aller anderen westeuropäischen Länder fast ausgeglichen ist, wachsen die Zweifel und die Sorgen, wächst die auf die Arbeitsverwaltung zukommende Arbeitsbelastung, wächst die Kurzarbeit und bildet das Thema der gegenwärtigen und künftigen Arbeitsmarktsituation wachsenden Gesprächsstoff nicht nur im Nationalrat sondern auch in der Öffentlichkeit.

Die Entwicklung der Arbeitsmarktsituation im letzten Jahrzehnt gibt in allen westlichen Industrieländern wenig Anlaß zum Optimismus. Nehmen wir allein die Entwicklung in der Bundesrepublik Deutschland und in der Schweiz:

– Die Zahl der Beschäftigten hat in den letzten 10 Jahren insgesamt stark abgenommen. Dabei fiel der Rückgang der angebotenen Arbeitsplätze in der Schweiz mit etwa 3,5% zwischen 1970 und 1980 sogar noch relativ höher aus als in der Bundesrepublik Deutschland mit gut 3%.

– Viel stärker noch ist der Rückgang im Bereich der Industriebeschäftigten: In der Schweiz verdienen heute rund 20% weniger Erwerbstätige ihr Brot in der Industrie als noch 1970, in der Bundesrepublik Deutschland ist der Rückgang mit etwa 10% weniger nur halb so groß.

– Die aktuelle Arbeitsmarktlage ist dennoch deutlich unterschiedlich: Während die Bundesrepublik Deutschland zunehmend mit immer noch wachsenden Zahlen an Erwerbswilligen und -fähigen zu kämpfen hat, konnte in der Schweiz das Arbeitskräfteangebot sehr viel besser dem Rückgang der Arbeitsplätze angepaßt werden.

Entsprechend muß sich die Bundesregierung in Bonn ebenso wie die Regierungen in London, Washington, Paris, Rom oder sogar in Tokyo gegenwärtig mit wachsenden Arbeitslosenquoten und dadurch stark steigenden finanziellen Belastungen herumschlagen. Allein in der Schweiz können sich noch alle Parteien darauf verständigen, daß die gegenwärtige Konjunkturlage nicht dramatisiert werden solle, aber auch hier wachsen die Sorgen und Befürchtungen über steigende Beschäftigungsprobleme.

Derartige Fakten im politischen Raum zu konstatieren, heißt jedoch zugleich, den Politiker zu fragen, was er angesichts dieser Situation auf dem Arbeitsmarkt zu tun gedenke. Die Politiker müssen also nach einer geeigneten Politik zur Lösung der Beschäftigungsprobleme suchen. Dies umso mehr, als die Arbeitsmarktsituation nur die eine Seite der Medaille zeigt, auf der anderen stehen Begriffe wie wachsende Soziallasten, sinkende Wachstumsraten und in ihrer Folge Finanzierungsprobleme in den öffentlichen Haushalten und in der Privatwirtschaft, sinkende Gewinnerwartungen und wachsende Investitionsrisiken, hohe Inflationsraten und außenwirtschaftliche Schwierigkeiten.

Wir scheinen in einem circulus vitiosus zu stecken: Die wirtschaftlichen Schwierigkeiten haben soziale Konsequenzen, soziale Schwierigkeiten steigern die Angst um das Erreichte und führen zu Defensivstrategien, Defensivstrategien wieder lassen die wirtschaftliche Initiative erlahmen, so daß sich das so dringend benötigt Wachstum immer weniger einstellt.

Die Fragen an die Politik werden also immer drängender. Jeder Politiker, der sich seinen Wählern und der Verantwortung stellt, die er übernommen hat oder um die er sich bewirbt, muß Antworten geben. Und so besteht auch kein Mangel an Antworten der verschiedensten Art.

Ich will einmal sine ira et studio einige der national und international diskutierten Argumente einander gegenüberstellen:

– Der Einsatz moderner Technologien in den Unternehmen und in der Wirtschaft führt zu Rationalisierung und damit zum Verlust von Arbeitsplätzen. Aber: gerade durch die Anwendung moderner Technologien und systematische

Rationalisierungen könnte die Investitionsgüterindustrie und ihre Zulieferer zusätzliche Arbeitsplätze anbieten. Andere Wirtschaftszweige könnten ihre Märkte halten und brauchten weniger Angst vor Japan zu haben, das seine so viel bewunderte internationale Stellung gerade auf dem Weg über neue Technologien und höhere Produktivitätsraten erreichte.

– Durch den generellen Kostenanstieg vor allem bei Lohn und Lohnnebenkosten aber auch im Energie- und Rohstoffbereich sinken die Gewinnerwartungen und damit die Rentabilität der Investitionen von Unternehmen. Aber: Wo sollen sich neue Märkte ergeben, Gewinnchancen öffnen und Investitionsrisiken lohnen, wenn die Masseneinkommen real zurückgehen und zunehmend Einkommensteile allein zur Sicherung des bisher Erreichten aufgewandt werden?

– Die Schweiz ebenso wie die Bundesrepublik Deutschland verdankt ihre heutige Stellung in der Weltwirtschaft weitgehend dem internationalen Handel. Er war und ist Motor für Wachstum und Innovation. Aber: Gerade in diesem Bereich wächst der Konkurrenzdruck, gerade hier sind Marktanteile und Gewinnspannen bedroht und so wächst der Ruf nach Schutzmaßnahmen, teils offen, teils verschämt in den Gesprächen zwischen Unternehmern und Politikern.

– Eine Reduktion der beschäftigten Ausländer könnte die Lücke zwischen Arbeitsplatzangebot und -nachfrage schließen. Aber: Viele Unternehmen weisen aufgrund ihrer Erfahrungen darauf hin, daß die plötzlich ungeliebten »Konkurrenten« auf dem Arbeitsmarkt unentbehrlich sind, weil sie ungeliebte Arbeitsplätze zu übernehmen bereit sind.

– Am wenigsten kontrovers erscheinen Überlegungen, die vorhandene Arbeit auf mehr Köpfe zu verteilen und die individuelle Arbeitszeit zu senken. Aber auch hier stellen sich viele Fragen in der Realisierung: Führen Arbeitszeitverkürzungen wirklich zu zusätzlichen Einstellungen oder nur zu mehr Überstunden und höheren Stundenproduktivitäten? Steigen dadurch die Kosten und verringern sich die Soziallasten? Oder grundsätzlicher noch: Lassen sich auf dem Arbeitsmarkt überhaupt die zusätzlich benötigten Arbeitskräfte in der geeigneten Qualifikation finden?

Alle diese Vorschläge lassen sich mit jeweils guten Gründen verteidigen. Für alle ihnen unterstellten Wirkungsvorstellungen gibt es Theorien und Beispiele. Aber gleichzeitig erscheinen sie widersprüchlich. Selbst ihre stärksten Verfechter räumen in Privatgesprächen unter Ausschluß der Öffentlichkeit ein, daß sie oft erhebliche Zweifel ob der Wirksamkeit ihrer Vorschläge haben. Zu deutlich zeigen die einzelnen Vorschläge, daß die zugrundeliegenden Erfahrungen oft nur beschränkte Aussagekraft haben, etwa weil sie

- allein aus der einfachen Gegenüberstellung statistischer Werte entstanden sind,
- aus der Beobachtung makroökonomischer Aggregate und der sie abbildenden Modelle entwickelt wurden,
- spezifische Erfahrungen in einzelnen Wirtschaftszweigen oder Regionen wiedergeben
- oder aus individuellen Erfahrungen im betrieblichen Alltag abgeleitet wurden.

So dominiert der Zweifel an der Wirksamkeit und der Machbarkeit der Vorschläge und die objektiven Beobachter konstatieren, was vor über mehr als einem Jahrzehnt Alexander Kluge warnte: »Die Artisten in der Zirkuskuppel: ratlos.«

Ich will einmal die Rolle des Beobachters mit derjenigen des Analytikers vertauschen und feststellen: Wenn es richtig ist, daß richtige Beobachtungen auf unterschiedlichen Ebenen des Betriebs, der Region, der Branche oder der Gesamtwirtschaft zu so unterschiedlichen Therapievorschlägen führen; wenn wir weiter berücksichtigen, daß alle diese Ebenen doch nicht unabhängig voneinander bestehen, daß sich die gesamtwirtschaftliche Entwicklung aus der Summe der einzelnen Entwicklungen und die gesamtwirtschaftliche Arbeitslosenquote aus der Summe der einzelnen Beschäftigungsverhältnisse und -wünsche ergibt, müssen wir dann nicht zu dem Schluß kommen, daß uns noch wichtige Einsichten und Wahrheiten fehlen? Kennen wir wirklich die heutige Funktionsweise des Arbeitsmarktes, der sich letztendlich nur als Addition individueller Verhaltensweisen und Entscheidungen einzelner ergibt? Reichen hierfür die ökonomischen Diagnoseinstrumente aus? Könnte es schließlich sein, daß die bisherigen Widersprüche in der Diagnose und Therapie der Arbeitsmarktprobleme nicht auf falschen, sondern auf unvollständigen Kenntnissen basieren, daß wir wichtige Einflüsse außer acht gelassen haben?

Diese Fragen zu stellen, heißt bereits die Vermutung zu äußern, daß die traditionellen ökonomischen Vorstellungen über die Funktionsweise unseres Beschäftigungssystems unzureichend sind. Es ist sicher kein Zufall, wenn Wirtschaftsforschungs- und Beratungsunternehmen wie die PROGNOS zunehmend technische, soziologische und zum Teil auch psychologische Aspekte zur Erklärung wirtschaftlicher Phänomene integrieren müssen; wenn in der öffentlichen Diskussion allein ökonomische Argumente allzu leicht beiseite geschoben werden können oder wenn sich bei dem anscheinend wirtschaftswissenschaftlichen Thema »müssen wir morgen mehr oder weniger arbeiten?« alle, die sich dazu geäußert haben, den Arbeitsmarktproblemen von anderen Fragestellungen her nähern. Nichts kann besser deutlich machen, daß es auch für die Lösung unserer Beschäftigungsprobleme zunehmend der Zusammenarbeit über die traditionellen Fachgrenzen hinaus bedarf.

Hinter dem genannten Thema steht bewußt das Fragezeichen. Es ist ein Fragezeichen, das sich auch nicht so ohne weiteres durch ein Ja oder Nein auslöschen läßt. Denn unsere zukünftige Entwicklung ist geprägt von sehr unterschiedlichen Veränderungen:

– Erstens sind es Veränderungen in den Wertvorstellungen der Einzelnen etwa hinsichtlich ihrer beruflichen Karriere, ihres Verhältnisses zur Arbeit, aber auch hinsichtlich ihres Bedarfs und ihrer Nachfrage oder ihres Verhältnisses zur Gesellschaft und zum Staat.

– Zweitens stehen uns technische Veränderungen ins Haus, wie etwa die Mikroelektronik, die nicht nur die Produktivität unserer Arbeit ansteigen lassen, sondern gleichzeitig zu erheblichen Veränderungen in den Anforderungen an die Arbeitskräfte führen. Veränderungen, die Personalführung und Management zu einer Schlüsselgröße des betrieblichen Erfolges machen und gleichzeitig völlig andere Anforderungen an die staatlichen Ordnungs- und Sicherungsfunktionen stellen, wie etwa die Diskussion um den Datenschutz oder die Elektrizitätsversorgung recht eindrucksvoll belegen.

– Schließlich ändern sich die bisher gewohnten Knappheitsrelationen nicht nur im Bereich der Energie- und Rohstoffe, wo die Marktkräfte noch mehr oder minder gut einen Ausgleich herbeizuführen vermögen, sondern zunehmend dort, wo wir lange Zeit glaubten, es mit freien Gütern zu tun zu haben, im Umweltbereich oder in der Wasserversorgung.

Unsere westlichen Industriegesellschaften stehen damit vor neuen Problemen, die sich statistisch in stagnierenden Absatzmärkten bei traditionellen Produkten, in Änderungen der Produktions- und Absatzstrukturen und schließlich auch in wachsenden Arbeitslosenzahlen niederschlagen. Wen wundert es da, daß die traditionellen arbeitsmarktpolitischen Instrumente, etwa das Defizitspending oder die generelle Investitionsförderung, die bisherige Art unserer tarifvertraglichen Vereinbarungen oder die unter anderen Bedingungen entwickelte Ausgestaltung der sozialpolitischen Netze nicht mehr die Wirkung haben, die wir erwarten und die uns helfen könnten, mit den neuen Problemen fertig zu werden.

In der Feststellung, daß die bisherigen Instrumente der

Arbeitsmarktpolitik nicht mehr die bisher erwarteten und früher auch beobachteten Wirkungen haben, liegt der eigentliche Kern des heute so gängigen wirtschaftlichen Pessimismus. Zugleich aber auch der Kern des Vertrauensschwundes gegenüber jenen, die bisher die Verantwortung für die Arbeitsmarktentwicklung reklamierten, gegenüber der zentralen Arbeitsmarktpolitik des Bundes, der Arbeitsverwaltung, den Gewerkschaften und den Arbeitgebern.

Dieser Vertrauensschwund in die herkömmlichen Institutionen und Organisationen sowie vor allem in die bisherige Funktionsweise unseres Beschäftigungssystems führen zu Friktionen auf dem Arbeitsmarkt und zu Beschäftigungsverlusten. Sie führen gleichzeitig zu der Frage, welche Aufgaben den gewachsenen Einrichtungen unter den veränderten Bedingungen zuwachsen und aus welchen Bereichen sie vor allem sich wieder zurückziehen sollten, um den Prozeß der strukturellen, wirtschaftlichen und gesellschaftlichen Veränderungen nicht allein durch ihre Existenz und ihren Machtanspruch zu behindern. Denn es sind sicher nicht die Bedürfnisse, die uns fehlen, von paradiesischen Zuständen kann sicher nicht die Rede sein. Es gelingt uns nur nicht in unserem bisherigen Beschäftigungssystem unsere Kräfte auf die Fragen der Zukunft zu lenken und den bisher nicht befriedigten Bedürfnissen anzupassen.

Doch ist diese Aussage wirklich richtig? Gibt es nicht bereits Entwicklungen, die sich im Hintergrund der offiziellen beschäftigungspolitischen Entwicklung vollziehen und die möglicherweise dann neue Dimensionen der Weiterentwicklung erkennen lassen? Marksteine hierfür sind etwa folgende Beobachtungen:

– In fast allen westlichen Industriestaaten wächst der Bereich der sogenannten Schattenwirtschaft, jener Wirtschaftsleistungen, die sich dem staatlichen und sozialen Kontrollbereich entziehen. Es werden Beschäftigungen geschaffen, die nicht erkennbar werden und die gleichzeitig zur Konkurrenz der offiziellen Wirtschaft werden.

– Überall wächst die Attraktivität der sogenannten »neuen Selbständigkeit«. In ihr ziehen sich junge Leute aus traditionellen Arbeitsverhältnissen zurück, sie suchen Arbeits- und Lebensformen wieder zu integrieren und sind oftmals bereit, für ihre Eigenständigkeit einen hohen Arbeitseinsatz bei niedrigen Verdiensten und hohen Beschäftigungsrisiken zu akzeptieren.

– Seit Mitte der 70er Jahre stoßen Organisationen ohne Erwerbscharakter, wie soziale Einrichtungen, Vereine und Verbände auf wachsendes Interesse in der Bevölkerung. Die Zahlen der in diesen Bereichen beschäftigten Arbeitskräfte stieg in der Bundesrepublik zwischen 1973 und 1981 mit 2,7% erstaunlich stark und wird auch in Zukunft noch steigen (um jährlich 1,1% bis 1990).

– Vor allem aber setzt sich zunehmend die Erkenntnis durch, daß heute der Mensch und sein Verhalten, seine Kreativität und seine Motivation außerordentlich wichtige Produktionsfaktoren geworden sind. Dies in einer Zeit, in der der erfolgreiche Einsatz moderner Techniken mehr denn je auf das persönliche Engagement einzelner Mitarbeiter des Unternehmens angewiesen ist und in der Elemente wie Betriebsklima und betriebliche Partnerschaft zu entscheidenden Voraussetzungen des Innovationsmanagements werden. Nicht zufällig können gerade heute wieder kleinere Unternehmen lange verloren geglaubte Terrains zurückgewinnen.

Alle diese Entwicklungen weisen darauf hin,

- daß wir morgen sicher anders arbeiten werden als heute,
- daß sich unser System der Arbeitsteilung sowohl innerhalb der Betriebe als zwischen den Betrieben verändern wird,
- daß die Trennung zwischen Arbeit, Beschäftigung und Freizeit, wie sie in vielen Diskussionen auch heute noch erfolgt, zunehmend fließend wird: Arbeit darf Spaß machen, und Arbeit erlaubt es, dabei zu sein. Ist es dann noch Arbeit oder schon Freizeit?

– daß das Einkommen bei der Suche nach Beschäftigung schon heute nicht mehr die Bedeutung wie noch vor 10 Jahren hat,
– daß schließlich der traditionelle Arbeitsmarkt immer weniger die gesellschaftspolitischen Realitäten wiedergibt.

Bis solche Kräfte tragen, ist es noch ein weiter Weg. Und es stellen sich Fragen, die eigentlich Fragen an die Verantwortlichen sind, von denen die Umstrukturierungen unseres Beschäftigungssystems abhängen:

– Können wir darauf vertrauen, daß sich aus den Ansätzen der Schattenwirtschaft und der neuen Selbständigkeit tragfähige Wirtschaftsstrukturen entwickeln, die Nährboden für Existenzgründungen und Innovationen im gesellschaftlichen Zusammenleben sind?

– Reichen die deutlich zunehmenden Bemühungen besonders auch mittelständischer Unternehmen und das freiwillige Engagement vieler Bürger aus, um die Umstrukturierung unseres Beschäftigungssystems entsprechend den sich ändernden Bedürfnissen zu gewährleisten?

– Wo schließlich liegen dabei die Aufgaben der verschiedenen staatlichen Stellen, wo brauchen wir mehr Freiheitsräume und wer muß sie öffnen, wo vor allem brauchen wir mehr Initiativen und weniger Verwaltung des Überkommenen?

Von der Beantwortung dieser Fragen hängt es ab, ob man optimistisch oder pessimistisch in die Zukunft blickt. Wir glauben hier trotz aller institutionellen Verhärtungen, die wir in vielen Unternehmen ebenso wie bei den Organisationen der Wirtschaft, bei Gewerkschaften oder im öffentlichen Bereich feststellen, durchaus an die Lernfähigkeit unseres Systems. Hier liegt unser vorsichtiger Optimismus. Doch Lernen braucht Zeit. Dies gilt schon individuell, um wieviel mehr noch für Staat, Wirtschaft und Gesellschaft.

Ralf Dahrendorf

Arbeit und Tätigkeit – Wandlungen der Arbeitsgesellschaft

Nicht als Soziologe, sondern gewissermaßen als ein nachdenklicher Wanderer auf der Grenze zwischen Theorie und Praxis – einer gefährlichen Grenze, einer schwierigen Grenze –, als einer der versucht, bestimmten Entwicklungen einen Sinn abzugewinnen, die sich nicht so ganz leicht erklären lassen, möchte ich das Thema angehen. Ich möchte es tun, indem ich sehr weit zurückgreife in die Geschichte des menschlichen Denkens, bis zu dem ersten Denker, der sich mit menschlicher Tätigkeit und menschlicher Arbeit beschäftigt hat, zu Aristoteles.

Bei Aristoteles finden wir zum ersten Mal eine Unterscheidung, die für die Geschichte über das Nachdenken über dieses Thema bis heute von Bedeutung geblieben ist. Bei ihm ist es die Unterscheidung zwischen dem praktischen und dem theoretischen Leben: dem bios practicos und dem bios theoreticos, der vita contemplativa und der vita activa. Die Unterscheidung war schon für Aristoteles schwierig, er konnte nicht ohne weiteres alle menschlichen Tätigkeiten unterbringen. In diesen beiden Kategorien erfand er dann herausgehobene Formen der praktischen Tätigkeit wie die Politik. Im Prinzip hat er aber die Unterscheidung eingeführt, die besteht zwischen menschlichen Tätigkeiten, die bezogen sind auf das, was unbedingt zu tun ist im Interesse des Überlebens und menschlichen Tätigkeiten, die die besten Möglichkeiten des Menschen ausdrücken und kundtun. Bios practicos auf der einen Seite: also das Notwendige, das Überlebensnotwendige; bios theoreticos in dem Zustand der Muße, jene Möglichkeiten, die Menschen allenfalls haben: die Möglichkeiten der Kunst, der Philosophie und manche andere Gestaltungsmöglichkeiten mehr.

Die aristotelische Unterscheidung hatte wahrscheinlich zwei große Schwächen. Die eine Schwäche lag darin, daß eben zuvieles zwischen die beiden Kategorien in der aristotelischen Definition fällt. Der bios theoreticos schließt eben nicht alle gestaltenden Möglichkeiten, alle Möglichkeiten der Tätigkeiten des Menschen ein, und der bios practicos greift irgendwie auch zu kurz; ein Punkt, auf den ich noch zurückkomme.

Noch schwieriger ist eine andere Eigenart der aristotelischen Unterscheidung. In seiner Zeit war es nicht zufällig eine Unterscheidung, die für ihn die Grundlage der gesellschaftlichen Klassenbildung war. Für Aristoteles war es selbstverständlich, daß die Vielen das praktische Leben leben müssen, damit die Wenigen das theoretische Leben leben können. Er hielt es nicht für an sich falsch, in einer Zeit, in der die um die Zeit der französischen Revolution geborenen Vorstellungen von Gleichheit schlechterdings nicht vorhanden waren, daß die große Zahl der Menschen sich im wesentlichen mit dem Überleben, mit den Notwendigkeiten befaßt. Er hielt es andererseits für ein fast selbstverständliches Privileg einiger, daß sie die Muße haben, um den besten Möglichkeiten des Menschseins nachzugehen.

Dennoch ist dies eine Unterscheidung geblieben, die über viele Jahrhunderte hin das Denken von Menschen über Unterschiede in der Gesellschaft bestimmt hat. Wenn es den Rahmen dieser Arbeit nicht sprengen würde, wäre es verlockend, die Geschichte des Denkens über menschliche Tätigkeit und über soziale Klassenbildung nachzuzeichnen. Man würde dann sehen, daß durch die Geschichte hin bis in das 19. Jahrhundert hinein, die Unterscheidung zwischen denen, die arbeiten und denen, die nicht arbeiten, die Schlüsselunterscheidung war, nach der verschiedene soziale Gruppen sich gekennzeichnet haben. Das Wünschenswerte war es, nicht arbeiten bzw. nicht arbeiten zu müssen.

Der Fluch war es zu arbeiten bzw. arbeiten zu müssen. Es waren die privilegierten Gruppen, die nicht arbeiten mußten, es waren die unterprivilegierten Gruppen, die arbeiten mußten. Im Grunde genommen kann man sagen, wenn man an die großen industriesoziologischen Untersuchungen in Deutschland, in der Schweiz, auch in den Vereinigten Staaten in der Nachkriegszeit denkt, daß noch in der unmittelbaren Nachkriegszeit, also nach dem Zweiten Weltkrieg, Elemente dieser Unterscheidung in der Vorstellung der Menschen eine sehr zentrale Rolle gespielt haben.

Im 19. Jahrhundert finden wir den zweiten großen Denker im Hinblick auf die Fragen der menschlichen Arbeit und Tätigkeit, nämlich Karl Marx. Karl Marx hat hier, wie an so vielen Stellen, Hegel und Aristoteles, die beiden Unvereinbaren, in einer kuriosen Weise zu vereinbaren versucht.

Er hat nämlich von den frühen Pariser Manuskripten an, bis zum dritten Band vom »Kapital« die Unterscheidung, die Aristoteles zuerst eingeführt hat, als eine Unterscheidung zwischen gesellschaftlichen Gruppen, zu wenden versucht in eine Unterscheidung zwischen verschiedenen Bestandselementen des menschlichen Lebens generell.

Er hat versucht, die Unterscheidung zwischen denen, die arbeiten und denen, die nicht arbeiten, zu wenden in eine Unterscheidung zwischen einer Zeit des Lebens aller, in der sie arbeiten müssen und einer anderen Zeit, in der sie nicht zu arbeiten brauchen.

In diesem Zusammenhang sehe ich die wichtige Stelle im »Kapital«, in der Marx unterscheidet zwischen dem, was er das Reich der Notwendigkeit nennt und dem, was er das Reich der Freiheit nennt. Also zwischen dem Reich, in dem, wie er sagt, Not und äußere Zweckmäßigkeit bestimmen was wir tun, eben die Notwendigkeit des Überlebens, und jenem anderen Reich der Freiheit, in dem unsere eigenen Entscheidungen bestimmen was wir tun, in dem der einzelne also der Bestimmungsgrund seines Tuns ist. Marx führt hier, wie auch früher schon, Ausdrücke ein, die bei ihm vielleicht nicht ganz zu Begriffen geronnen sind, die aber für meine Überlegungen ausschlaggebend sind: Nämlich die Ausdrükke Arbeit und Tätigkeit. Arbeit beschreibt menschliches Tun im Reich der Notwendigkeit, Tätigkeit beschreibt menschliches Tun im Reich der Freiheit. Einfacher als mit Marx läßt der Unterschied zwischen diesen Begriffen sich mit den Kantschen Kategorien der Autonomie und der Heteronomie beschreiben. Arbeit ist in sich heteronom, wobei die zwecksetzende Instanz sowohl die abstrakte Instanz der Natur, der Naturnotwendigkeit und der Überlebensnotwendigkeit sein kann, als auch eine konkrete menschliche Instanz, die den einzelnen etwa zur Zwangsarbeit zwingt.

Auf der anderen Seite ist Tätigkeit autonom in dem Sinne, daß der einzelne seine Zwecke selber setzen kann und daß er zugleich einen wesentlichen Anteil an der Bestimmung der Methoden hat, mit denen er diese Zwecke zu erreichen sucht. Was Marx also argumentiert ist, daß wir alle bis zu einem gewissen Grade arbeiten müssen, daß wir aber von diesem Punkt an tätig werden können. Marx will damit sagen, daß das menschliche Leben bis zu einem gewissen Grade in das Reich der Notwendigkeit eingebunden ist. Es möglichst rationell zu regeln, wie er sich ausdrückt, ist die einzige Chance einer Verbesserung, die sich für uns ergibt, während auf der anderen Seite Tätigkeit erheblich ausgeweitet werden kann. Interessanterweise endet diese sehr philosophische Phase bei Marx mit dem lakonischen Satz: die Verkürzung der Arbeitszeit ist die Grundbedingung.

Ich meine, daß die Unterscheidung, die hier von Aristoteles bis Marx entfaltet worden ist, wichtig ist, um zu verstehen was heute geschieht. Zugleich aber begeht auch Marx einen fundamentalen Fehler insofern, als er einen bestimmten Teil des menschlichen Lebens als sozusagen hoffnungslos abschreibt, hoffnungslos unter dem Aspekt der Freiheit, indem er zugibt und zugesteht, daß ein bestimmter Teil des

Lebens Arbeit, Reich der Notwendigkeit, und insofern unverbesserlich ist. Damit öffnet er nach meiner Meinung in der Praxis Tür und Tor für wirtschaftliche, gesellschaftliche und politische Verhältnisse, in denen nicht die Zeit bleibt, jemals zum Reich der Freiheit zu kommen. Er öffnet Tür und Tor für eine Realität, die sich dann am Ende doch ganz im Reich der Notwendigkeit hält. Ich meine dagegen, daß der Anspruch der Tätigkeit weit größer ist, als Marx dies angenommen hat.

Warum diese Begriffe? Warum zu dem Thema »Müssen wir morgen weniger oder mehr arbeiten«, das an sich doch sehr konkret scheint und auch sehr konkret ist, eine solche eher begriffliche, nicht gerade sehr tiefgehende philosophische Erörterung? Der Grund liegt darin, daß die Arbeitswelt von heute und ihre enormen Schwächen nicht etwa nur ein negatives Phänomen darstellt, sondern eine enorme Chance menschlicher Entwicklung bedeutet. Ich möchte ganz bewußt die andere Seite des Bildes zeichnen, zweifellos überzeichnen, weil ich glaube, daß wir die Welt, in der wir leben, mißverstehen, wenn wir sie ausschließlich in den Kategorien der Arbeitsgesellschaft sehen.

Der frühere Premierminister Macmillan, der auf seine alten Tage viele originelle, witzige und in gewisser Weise zutreffende Dinge gesagt hat, hat einmal unverfroren öffentlich gesagt: »Ich weiß gar nicht, warum die Leute so über die Arbeitslosigkeit jammern. Als ich an der Regierung war, haben alle immer um Verkürzung der Arbeitszeit und weniger Arbeit gejammert und wollten mehr Muße haben, und jetzt, wo sie die Muße haben, sind sie damit auch nicht zufrieden.« Diese Aussage ist vielleicht die Perspektive der 60er Jahre in ihrer Anwendung auf die Situation der 80er Jahre. In dieser Bemerkung steckt aber etwas, was mich in den folgenden Erwägungen leiten wird. Dabei muß ich eine faktische Bemerkung machen, die für mich sehr wichtig ist.

Wenn ich die negativen Prognosen zur Arbeitsentwicklung höre, nehme ich an, daß dabei u. a. die Bevölkerungsentwicklung eine wichtige Rolle spielt, d. h. es ist durchaus denkbar, daß es kontrollierte und unkontrollierte Entwicklungen gibt, durch die die Arbeitslosigkeit als dominantes Problem der öffentlichen Diskussion mindestens so sehr wieder in den Hintergrund tritt, wie in vielen Ländern heute die Inflation, die tatsächlich nicht mehr das dominante Problem der öffentlichen Diskussion ist. Aber das ändert nichts an der Situation, von der ich ausgehe.

Die Arbeitslosigkeit, wie sie sich aus unseren offiziellen Statistiken ergibt, ist nur der kleinste Teil eines viel umfassenderen Phänomens, für das Hannah Arendt den Ausdruck gefunden hat, daß der Arbeitsgesellschaft die Arbeit ausgeht. Neben der sichtbaren Arbeitslosigkeit gibt es zunächst einmal die versteckte Arbeitslosigkeit – die unsichtbare Arbeitslosigkeit. Diese unsichtbare Arbeitslosigkeit betrifft keineswegs nur Frauen, die sich nicht als Arbeitslose registrieren lassen. Dies trifft auch zu auf die eine Million Studenten in der Bundesrepublik Deutschland, die auch eine Form der versteckten Arbeitslosigkeit darstellen, weil sie auch auf dem Arbeitsmarkt mit anderen konkurrieren könnten. Es gibt durchaus alternative Möglichkeiten sein Leben zuzubringen in Tätigkeiten, die sich in der Arbeitsstatistik nicht niederschlagen, die aber wesentlich sind, wenn man von der Arbeit in unserer Gesellschaft spricht.

Dazu kommt das so wichtige Phänomen, mit dem Marx seinen zitierten Abschnitt abschloß, nämlich die Verkürzung der Arbeitszeit und insbesondere die Verkürzung der Lebensarbeitszeit. Es gibt da unterschiedliche Versuche der Messung. Ich bin z. B. nicht so sicher, daß der europäische Gewerkschaftsbund richtig liegt, wenn er sagt, daß sich seit 1918 in den entwickelten Ländern die Lebensarbeitszeit um zwei Drittel verkürzt hat. Mir scheint das ziemlich hoch gegriffen, aber sicher dürfte sein, daß durch längere Ausbildung, frühere Pensionierung, mehr Feiertage, mehr Urlaub und eine Reihe von anderen, nicht ganz so wichtigen Phänomenen eine sehr beträchtliche Verringerung der Lebensarbeitszeit stattgefunden hat. In dieselbe Liste von Phänomenen würde ich hineinnehmen, was nach meiner Meinung überhaupt die Geisel der späten Arbeitsgesellschaft ist, was in diesem Zusammenhang meist nicht erörtert wird und doch erörtert werden sollte: die Unterbeschäftigung.

Ich meine die Unterbeschäftigung von Menschen, also die Tatsache, daß es in unseren Ländern eine nicht unbeträchtliche Zahl von sogenannten Beschäftigten gibt, die genau wissen, daß sie tatsächlich herzlich wenig in ihrem Beruf zu tun haben. So hat vor einiger Zeit in Bonn eine Regierungsrätin im Wohnungsbauministerium ihren Minister auf Arbeit verklagt, weil sie feststellte, daß sie jeden Morgen zwar rechtzeitig kommt, aber nach einer Stunde alles getan ist, was es zu tun gibt. Leider wurde diese Klage außergerichtlich beigelegt, so daß man bis heute nicht recht weiß, was da nun eigentlich geschehen ist. Aber das Beispiel dieser arbeitslustigen Regierungsrätin ist nur eines für viele, und ich glaube, jedes Land in Europa hat fast seine eigenen »Beschäftigungsbereiche«, von denen man weiß, daß systematisch Unterbeschäftigung betrieben wird.

Der österreichische Bundeskanzler hat den öffentlichen Sektor über viele Jahre hin für diese Zwecke benutzt. In Großbritannien sind die Angestellten der Gemeindeverwaltung bekannterweise Menschen, die fast nichts – außer eine Stunde vielleicht am Tag – zu tun haben. Diese Unterbeschäftigung ist nach meiner Meinung das eigentlich erniedrigende Phänomen einer Gesellschaft, die darauf besteht, daß das menschliche Leben rings um Arbeit organisiert werden muß, die aber nicht mehr in der Lage ist, Arbeit für jeden in der für diese Gesellschaft kennzeichnenden Form zu finden. Was ich mit alledem sagen will ist, daß die Arbeitslosigkeit, wie sie durch unsere Statistiken gemessen wird, nur ein Teilbereich des Themas ist, mit dem wir es zu tun haben. Auch dann, wenn die Statistiken uns bessere Zahlen zu geben scheinen als sie das heute tun, ist die Frage der Arbeit in der Arbeitsgesellschaft damit nicht beseitigt.

Ländern heute 10% der wahlberechtigten Bevölkerung ganztägig in Bildungsinstitutionen sind. Sie hat aber auch dazu geführt, daß es Parteien in vielen entwickelten Ländern gibt, die förmlich zerrissen werden in dem Konflikt zwischen der neuen, aufsteigenden Bildungsklasse und der alten, in zunehmendem Maße absteigenden Arbeiterklasse. Wie dem auch sei, die Bildungswelt hat ein Eigengewicht in unserer Gesellschaft bekommen, das sie fast notwendig in vieler Hinsicht abkoppelt von dem Erfordernis der Arbeit. Ein großes Thema der öffentlichen Diskussion.

Die Freizeit hat ganz sicher ein Eigengewicht bekommen. Die Freizeitindustrie allein zeigt, wie stark das Eigengewicht ist. In der Tat ist der Begriff Freizeit ein ganz unzulänglicher Begriff, um das zu kennzeichnen, was Menschen tun, wenn sie nicht beruflich tätig sind. Die Pensionierung, der Ruhestand, der letzte Teil des Lebens, hat in vielen Ländern in zunehmendem Maße ein eigenes Gewicht. Noch gibt es die »Grauen Panther« in den meisten europäischen Staaten nicht, in den Vereinigten Staaten gibt es sie. Eine erstaunlich selbstbewußte Organisation, erstaunlich selbstbewußt angesichts der Tatsache, daß man ohne Zynismus sagen muß, daß »Graue Panther« nur eine begrenzte Lebenserwartung vor sich haben. Sie sind eine Gruppe, die Ansprüche erhebt, die sich zu Wort meldet. Der Ruhestand ist eine Lebensperiode, die ihr eigenes Gewicht mitbekommen hat. Arbeit wird sozusagen zerdrückt und mit der Arbeit die Werte der Arbeitswelt. Gleichzeitig erhebt sich die große Frage, wohin führt uns das? Wohin gehen wir? Was ist der nächste Schritt in die Richtung vielleicht auf eine Tätigkeitsgesellschaft?

Dazu einige wenige, sehr vorsichtige Bemerkungen: Vorsichtig deshalb, weil ich meine, daß wir heute vor allem genau ansehen müssen was Menschen tatsächlich tun. Ich erwarte auf dem Weg zu einer Veränderung angesichts des Dilemmas der Arbeitsgesellschaft sehr wenig vom Staat oder von den politischen Parteien oder von den klassischen

Es wäre verlockend zu prüfen, warum es eigentlich so ist, daß die bisher vorgeschlagenen Maßnahmen zur Behebung der Arbeitslosigkeit so wenig Erfolg zu haben scheinen. Wenn ich einerseits mich über Frau Thatcher oder über Herrn Reagan oder andererseits über Herrn Mitterand äußern würde, würde ich zu dem Schluß kommen, daß beide mit ihren Methoden nichts dazu beizutragen scheinen, daß die Arbeitsproblematik gelöst wird. Ich würde fragen: warum? und würde die Antwort geben: weil die Versuche, die bisher unternommen wurden, sämtlich Versuche sind eine Form des menschlichen Lebens und der gesellschaftlichen Organisation wiederherzustellen, die sich nicht wiederherstellen läßt. Es sind krampfhafte Reparaturversuche.

Die Arbeitsgesellschaft ist eine Gesellschaft, in der die anderen Lebensbereiche bezogen sind auf die Berufsarbeit. Charakteristischerweise gibt es da vier Kästchen des Lebens: den Ausbildungs- oder Bildungskasten an einem Ende, den Ruhestands- oder Pensionierungskasten am anderen und in der Mitte die Arbeit und die Freizeit. Für die Arbeitsgesellschaft ist kennzeichnend, daß die Ausbildung gesehen wird als Ausbildung für die Notwendigkeiten des Berufes. Für die Arbeitsgesellschaft ist kennzeichnend, daß der Freizeitkasten gesehen wird als Erholung für neue Berufstätigkeit. Weiterhin ist für die Arbeitsgesellschaft kennzeichnend, daß der Pensionierungs- und Ruhestandskasten gesehen wird als der wohlverdiente Lohn für ein hartes Leben der Arbeit. Noch immer hört man diese Formulierung bei jenen traurigen Gelegenheiten, bei denen Menschen pensioniert werden.

Was aber nun tatsächlich passiert in diesen letzten Jahrzehnten, ist, daß die drei Nichtarbeitskästen dieser Welt jeweils sich erstens enorm ausgeweitet haben und zweitens ein ganz eigenes Gewicht im Leben der Menschen und in der Struktur der Gesellschaft gewonnen haben. Man mag nicht immer damit sehr zufrieden sein. Die Ausweitung des Bildungskästchens hat dazu geführt, daß in vielen entwickelten

Großorganisationen. Ich erwarte sehr viel vom einzelnen, von nichtklassischen Organisationen, von kleinen Unternehmen, auch von größeren Unternehmen, aber jedenfalls von Gruppierungen und Institutionen, die nicht zu den typischen Großinstitutionen der Arbeitsgesellschaft gehören. Das bedeutet, daß man hinhorchen muß, daß man zunächst einmal sehen muß, was ist eigentlich tatsächlich los, wie werden Menschen tatsächlich fertig mit dem Niedergang der Arbeitsgesellschaft.

Da gibt es natürlich zunächst einmal gewisse Fragen, Fragen, auf die noch niemand eine rechte Antwort gegeben hat. Vielleicht ist die erste noch die einfachere. Ist es nicht möglich, daß wir uns zunehmend daran gewöhnen, daß Produktivitätssteigerungen, die weiter stattfinden müssen, nicht übersetzt werden in Lohn, jedenfalls nicht ersatzlos übersetzt werden in Lohn, sondern in zunehmendem Maße übersetzt werden in Zeit? Ist es also nicht denkbar, daß wir uns an Wachstumsvorstellungen gewöhnen, in denen andere Maße eine Rolle spielen als sie charakteristisch waren für die Erfahrung der Arbeitsgesellschaft?

Viel schwieriger ist die andere Frage, ob es so etwas geben kann wie eine Abkoppelung des Lebensunterhalts, also dessen, was ein einzelner zur Verfügung hat von der Berufstätigkeit. In gewisser Weise ist ja dieser krampfhafte Versuch, zurückzugehen zur Arbeitsgesellschaft, auch so zu erklären, daß sowohl das Einkommen als auch die Sozialleistungen als auch auf einem indirekten Weg das Staatseinkommen abhängig sind von der Berufswelt. Muß das so sein? Oder kann man sich das auch anders denken und wenn ja, wie kann man sich das anders denken? Vor allem aber ist die Frage, auf die eine Antwort zu finden ist, die: Was heißt eigentlich Tätigkeit in der Praxis? Und gibt es vielleicht in unserer Gesellschaft schon Anzeichen dafür, daß Arbeit in zunehmendem Maße in Tätigkeit übersetzt wird? Da gibt es zunächst jene Tätigkeiten, die mit einem Ausdruck meines verehrten Lehrers in der Philosophie, des Philosophen Joseph König, repräsentative Tätigkeiten genannt werden können, Tätigkeiten, die von einzelnen sozusagen stellvertretend für die Welt, in der sie leben, vorgenommen werden. Joseph König war es auch, der einmal gesagt hat: »Ich verstehe eigentlich gar nicht, warum ich für das, was ich tue, am Ende des Monats auch noch einen Gehaltsscheck kriege, denn ich würde es doch sowieso tun.« Das ist fast eine Definition der Tätigkeit, wenngleich nicht eine Frage, die heute an Universitäten in der Regel gestellt wird. Es ist fast eine Definition mit anderen Worten, dessen was man meint, wenn man von autonomen menschlichem Handeln spricht, von etwas, das gar nicht anders sein kann. Aber ich würde, ohne damit eine Privilegien-Struktur zu begründen, zugeben, daß dies eine Minderheitsbeschäftigung ist und daher auch besondere Verpflichtungen mit sich bringt. Es gibt aber dann die zweite Möglichkeit, Leben und Tätigkeit wieder sehr viel stärker miteinander zu verweben und zu verbinden.

Da gibt es Beispiele der Alternativökonomie, einschließlich der Beispiele des erstaunlichen Anwachsens von neuen Kleinunternehmungen ganz eigener Art, die nicht ganz vergleichbar sind mit denen, die wir aus der Vergangenheit kannten. Sie sind vielleicht auch nicht angelegt auf Wachstum und weitere Entwicklungen. Sie geben aber dem einzelnen eine Möglichkeit, die vorher nicht bestand: eine Möglichkeit, die in der Tat viel Arbeit im Sinne von viel tun verlangt, aber die nichtsdestoweniger Tätigkeit ist. Ich war etwas beunruhigt, darüber zu hören, daß die Redakteure der grünen, sogenannten »Tageszeitung« in Hamburg, die offenbar sehr gut floriert, sich darüber beklagt haben, daß es nur darum der Fall sei, weil sie zur »Selbstausbeutung« gezwungen seien.

Ich bin jedoch der Ansicht, daß »Selbstausbeutung« präzis das ist, was gemeint ist, wenn man von Tätigkeit spricht. Selbstausbeutung ist das, was man ja doch gerne macht, d. h. also Tätigkeit nach eigenen Zwecken und mit eigenen

Mitteln, unter Umständen bis zur Erschöpfung. Daran ist nichts in sich Unmenschliches oder Böses. Bedauerlich ist nur, daß die Redakteure in Hamburg offenbar die Werte der Arbeitsgesellschaft noch so tief in sich haben, daß sie am liebsten so behandelt werden würden wie diejenigen, die sie ständig attackieren.

Vor allem gibt es für mich das große Thema der Frage, wie man Tätigkeit in Arbeit hineintreiben kann. Das Thema also, auf das Marx keine Antwort gesucht hat, weil er von vornherein daran gezweifelt hat, ob es auch möglich wäre, das Reich der Notwendigkeit weiter zu reduzieren. Tätigkeit in Arbeit hineintreiben, dafür ist Flexibilität ganz sicher ein Beispiel. Es gibt heute nicht unbedeutende Unternehmungen, die die Arbeitszeit, ja sogar den Arbeitsort so gut organisiert haben, daß Menschen das was sie dort tun, in ihr Leben auf eine ganz neue Weise hineinbringen können.

Beispielsweise gibt es Firmen, in denen sehr viele Hausfrauen beschäftigt sind. Es gibt ganz sicher so etwas wie die Humanisierung der Arbeit, auch wenn mancher etwas unruhig wird, wenn er diesen Begriff liest. Es gibt weiter z. B. die Wirkung der Gruppenarbeit. Volvo ist zuerst viel gepriesen und dann attackiert worden. Ich habe mir einmal angesehen was da geschieht und muß feststellen, daß diese Art der Arbeitsorganisation zweifellos eine Möglichkeit ist, um Elemente der Tätigkeit in den Bereich der Arbeit hineinzutreiben. Weiter gehört hierzu, was schon erwähnt wurde – die Schattenwirtschaft. Ich halte die Schattenwirtschaft oder Schwarzarbeit, so unbeliebt sie sein mag, für eigentlich den eindringlichsten Beleg der Tatsache, daß Menschen nicht untätig herumsitzen wollen; Schwarzarbeit ist der eindringlichste Beleg dafür, daß, wenn es keine anderen Möglichkeiten gibt, oder wenn alle anderen Möglichkeiten überbürokratisiert sind, der Arbeitslose eigene Wege finden wird, um seinem Leben einen Gehalt zu geben und, um auch ein Einkommen zu erzielen, das er haben will. Ich kann mir eine Gesellschaft vorstellen, in der durch eine Reihe von Entscheidungen einzelner und kleiner Gruppen und Organisationen und Unternehmen Tätigkeit in zunehmendem Maße zur kennzeichnenden Form des menschlichen Lebens wird.

Ich kann mir also vorstellen, daß wir in freier Entscheidung und unter den Bedingungen der Freiheit viele weitere Schritte in die Richtung gehen, die ich angedeutet habe. Ich kann mir allerdings auch vorstellen, daß unsere Gesellschaft auch ganz andere Wege geht. Die Schwarzarbeit hat ja auch unter dem Aspekt dieser Analyse zwei sehr verschiedene Seiten. Die eine Seite ist, daß Menschen etwas tun wollen und es auch tun, die andere Seite ist, daß durch die Schwarzarbeit sozusagen eine völlig andersartige Reallohnebene geschaffen wird als sie in der offiziellen Arbeitswelt existiert.

Ich frage mich manchmal, ob es nicht doch trotz allem auch die Möglichkeit gibt, daß die Gesellschaft von morgen zurückkehrt zu den früheren Stadien der Arbeitsgesellschaft und damit manche der Probleme, die angeklungen sind, noch einmal von ganz vorne anfangen muß. Ich hoffe, daß das nicht geschieht, aber wer weiß?

Hansjürg Mey

Flexiblere Gestaltung der Arbeitswelt durch Informationstechnologie

Zu dem gestellten Thema möchte ich eine Komponente beifügen, die, wenigstens vordergründig, nicht ganz ernst gemeint ist. Dies gewissermaßen aus einer didaktischen Überlegung heraus, nach welcher der harte Kern einer Sache mitunter um so besser sichtbar wird, je besser verpackt er präsentiert wird. Den Ansatz dazu liefert mir die vorgegebene Fragestellung »Müssen wir morgen weniger oder mehr arbeiten?«, der eine gewisse Voreingenommenheit anhaftet. Denn nach gängigem Wortsinn schließt sie Überlegungen zu jenen Szenarien, in denen Arbeit als Erwerbszweck überhaupt nicht mehr notwendig und vorgesehen ist, zum vornherein aus. Ich möchte mir aber gerade den Luxus leisten, ein derartiges Szenario aufgrund einer technologischen Phantasie oder Vision unter bewußter Strapazierung der Ernsthaftigkeit zu skizzieren. Stellen wir uns also eine Wirtschaft und eine Gesellschaft vor, in der es keine existenznotwendige Arbeit mehr gibt, weil sämtliche Güter und Dienstleistungen automatisch erzeugt werden und der Bevölkerung in der Art eines landesweiten Selbstbedienungsladens zur Verfügung stehen.

Beginnen wir bei der Urproduktion, also dem ersten Wirtschaftssektor. Schon heute sind nur noch 6% der arbeitenden Bevölkerung als Bauern tätig, die dank hoher Effizienz nicht nur eine genügende Versorgung mit Kalorien, Proteinen und Vitaminen sicherstellen, sondern darüber hinaus den Nahrungsmittelmarkt mit Milch-, Butter-, Tomaten- und anderen Bergen überschwemmen. Man sollte annehmen dürfen, daß der kleine noch verbliebene und wirklich nötige landwirtschaftliche Arbeitsbestand mit einiger Phantasie und Technologie auch noch zu mechanisieren sein wird. Schließlich gibt es schon viereckige und stangenförmige Eier, wozu nur noch die entsprechenden Huhnapparaturen zu konstruieren wären, und der sogenannte »Milchkaffee« aus Getränkeautomaten hat seine weißliche Farbe schon lange vom beigemischten Gipspulver. Die freiwerdenden Heimwesen der ehemaligen Bauern wären ideale Drittwohnungen für freizeitgestreßte Städter und Kommunenbehausungen für schafzüchtende Gesellschaftsaussteiger. In beiden Fällen bestünde keinerlei Anlaß, dies in Verbindung mit produktiver Arbeitsleistung bringen zu müssen.

Die Versorgung mit anderen Grundstoffen als den Nahrungsmitteln scheint schwieriger zu sein, aber dies nur bei oberflächlicher, phantasieloser Beurteilung. In absehbarer Zeit wird nämlich, dank der anhaltenden alternativen Veredlung der Wegwerfgesellschaft, ohnehin jedes und alles seinen Platz in einem riesigen Wiederverwertungsmechanismus haben. Dieser endlose Kreislauf wird leicht zu automatisieren sein. Darüber hinausgehender, zusätzlicher Bedarf nach Grundstoffen wird nicht entstehen, da sich ja die Bevölkerung als Resultat der Geschlechtergleichschaltung und anderer Aufklärungsresultate im schlimmsten Fall nicht weiter vermehren wird.

Im Industriesektor sind zwar noch um die 40% der arbeitenden Bevölkerung beschäftigt, aber er verzeichnet dafür die höchstentwickelte Rationalisierungstechnik, die in absehbarer Zeit ihre Früchte abwerfen muß. Schlagendstes Beispiel dafür sind natürlich die Roboter, aber im Hintergrund schlummern Verfahren wie »computer aided design« und »computer aided manufacturing«, deren Automatisierungspotential eben erst angekratzt wird. Jedenfalls ist die vollautomatische Fabrik schon lange vorausgesagt worden und es gibt immer weniger Gründe dafür, deren Realisierung noch lange hinauszuschieben. Es gibt allerdings industrielle und halbindustrielle Bereiche, die etwas komplizierter liegen und für die es zusätzlicher Phantasie bedarf, um sie ihrer endlichen und endgültigen Automatisierung zuzuführen.

Dazu gehört beispielsweise die Bekleidungsindustrie, die, wenn man sie in der heutigen, im Prinzip aus dem Altertum übernommenen Form beläßt, stets menschliche Arbeitskraft erfordern würde. Hier muß das Problem als Ganzes angegangen werden, und zwar über eine radikale Änderung unserer Gewohnheiten. Dies kann zum Beispiel wie folgt geschehen: Die häusliche Dusche, die ohnehin allmorgendlich benützt wird, erhält neben dem Kalt- und Warmwasserhahn noch ein drittes Ventil, das mit »Ankleiden« bezeichnet ist. Nach dem Wasserstrahl und der antiseptisch trocknenden Heißluft strömt ein Kunststoffgemisch aus dem Brausekopf, das den menschlichen Körper in eine wohlige Hülle einschließt. Temperatursensoren sorgen dafür, daß diese Hülle, je nach Wetterlage, kühlend leicht oder flauschig warm gegossen wird. Selbstverständlich sorgt eine selbstprogrammierbare Mischeinrichtung für die gewünschten Farben und Dessins, die Programmierung erfolgt über die häusliche Bildschirmstation. Ein in die Kunststoffhülle automatisch eingelegter Reißfaden löst das Problem des Entkleidens, wie bei den Schachtelkäsen. Dieses Beispiel soll nur exemplarisch andeuten, daß die technologischen Hilfsmittel zur Realisierung einer Industrie ohne menschliche Arbeit durchaus vorhanden sind, sofern wir unsere Phantasie etwas anstrengen und uns in unseren Gebräuchen als flexibel genug erweisen.

Damit verbleibt allerdings noch der tertiäre Wirtschaftssektor, der Dienstleistungsbereich, den es voll zu automatisieren gilt. Das ist leider sowohl zahlenmäßig wie funktionell der schwierigste Brocken, denn über 50% unseres Arbeitskräftepotentials stecken in diesem Sektor und immer weitere Bevölkerungskreise drängen sich in diesen halbproduktiven Wirtschaftsteil hinein. Hier gilt es deshalb vorab, den Hebel anzusetzen und überkommene Vorstellungen über Bord zu werfen, wo sie einer Automatisierung hinderlich sind.

Am einfachsten ist es beim Bankenwesen, denn in einer Wirtschaft ohne Arbeit braucht es kein Geld und damit auch keine Banken. Für diejenigen, die ihr Wertpapier-Portefeuille weiterhin als Zeitvertreib pflegen möchten, könnte man leicht eine vollcomputerisierte Anlageberatung via Bildschirmtext einrichten. Das Kommunikationswesen ist ohnehin schon weitgehend automatisiert, die endgültige Automatisierung des kleinen Restes ist ein reines Routineprojekt der Kommunikationstechnologen. Auch das Transportwesen, vom Jumbojet bis zum Skilift, ist leicht zu vollautomatisieren. Alles und jedes endet heute schon an einem Computer, wenn die paar letzten Verbindungen noch gesteckt sind, läuft alles automatisch, pünktlich und im Takt ab. Der Rest sind technisch nicht zu rechtfertigende Anachronismen, wie der berühmte Heizer in den englischen Elektrolokomotiven.

Viel schwieriger erscheint dagegen die Automatisierung des Gesundheitsdienstes. Aber abgesehen davon, daß es einen solchen infolge der pharmazeutischen Fortschritte vielleicht überhaupt nicht mehr braucht, gibt es noch andere Lichtblicke am Horizont der Automatisierung. Wenn nämlich jedem Menschen durch eine genetische Manipulation ein Diagnosestecker implantiert werden könnte, wäre er bei Krankheit an ein vollautomatisches Diagnosezentrum anschließbar, das ihn ebenso automatisch mit den notwendigen Medikamenten versorgen würde. In Sachen Diagnose- oder gar Heilungsstecker scheint zudem die Akupunktur zu besonderen Hoffnungen Anlaß zu geben.

Tourismus und Fremdenverkehr profitieren natürlich voll von der Automatisierung des Transportwesens. Es verbleibt allerdings noch das Problem des kulinarischen Teils des Gastgewerbes. Aber die schon heute zu beobachtenden Tendenzen der auf Hamburger und Hot Dogs aufgebauten

Schnellimbiß-Stätten berechtigen zu Optimismus. Diese offenbar bekömmlichen und gefragten Leckerbissen samt die sie vermittelnden Etablissements sind schon heute so weit normiert, daß ein voll automatisierter Betrieb keine ernsthaften Probleme mehr stellen sollte.

Das eigentliche pièce de résistance ist aber das Unterhaltungsgewerbe, denn dieses liefert ja den Rohstoff, mit dem ein wesentlicher Teil der Freizeit ausgefüllt wird, in die die früher übliche Arbeitszeit völlig aufgegangen ist. Die schon heute hoch entwickelten elektronischen Medien bringen in diesem Bereich geradezu zwangsläufig die gesuchten Lösungen, wenn man sie überlegt mit anderen, ebenfalls schon vorhandenen Techniken kombiniert. Nehmen wir zum Beispiel die Tagesschau, also die Fernsehnachrichten, als meist gesehene Sendeform: Militärexperten versichern uns, daß Aufklärungssatelliten heute eine terrestrische Auflösung von zehn Metern spielend erreichen und daß mit einer Auflösung von unter einem Meter in Kürze zu rechnen sei. Also wählt sich der Fernsehzuschauer, so es ihn nach Neuigkeiten aus aller Welt drängt, an seinem häuslichen Apparat einfach einen Aufklärungssatelliten an, und er sieht live das Geschehen auf jedem Punkt unseres Globus, wo immer etwas passiert oder wo immer er sich dafür interessiert. Eine vollständigere und ungeschminktere Wahrheit der Ereignisvermittlung kann es nicht geben, seinen Kommentar macht sich ohnehin jeder am besten selber.

Die Vollautomatisierung der eigentlichen Unterhaltung als fernsehgestützter Zeitvertreib wäre unendlich schwieriger, wenn der Lösung dieses Problems nicht eine glückliche biologische Gegebenheit entgegenkäme: nämlich die Vergeßlichkeit. Wer je beim Fernsehen erst beim Nachspann eines zweistündigen Spielfilms gemerkt hat, daß er denselben Film vor zwei Jahren schon einmal gesehen haben muß, wird erahnen, wie dieser glückliche Effekt im Sinne der Vollautomatisierung auszunützen sein wird: Man braucht nur sämtliche je gedrehten Spielfilme auf ein endloses

Videoband zu kopieren und dieses zyklisch wiederholend über den Sender zu geben. Jeder Zuschauer wird bei jedem Durchlauf meinen, das Gezeigte zum ersten Mal gesehen zu haben. Bei anderen Unterhaltungsformen wie Quiz-Sendungen und ähnlichem ist dieses System nur insofern zu modifizieren, als der Repetitionszyklus ohne Einbuße an Originalität auf ein halbes Jahr reduziert werden kann.

Zu diesem weder ganz ernst gemeinten noch im mindesten herbeigesehnten Zukunftsbild ist immerhin zu sagen, daß es im wesentlichen aus technologischen Komponenten besteht, die heute entweder schon existieren oder die aller Voraussicht nach im Laufe der nächsten Jahrzehnte funktionsbereit zur Verfügung stehen werden. Es ist weiter zu bemerken, daß viele entscheidende dieser Komponenten unmittelbar aus der Informationstechnologie stammen und im wesentlichen ein Kind von nur zwei hinter uns liegenden Jahrzehnten sind.

Damit sei gesagt, daß sich die in neuerer Zeit erschlossenen technologischen Möglichkeiten unerhört ausgeweitet haben in einem Maß und einer Richtung, die für die Generation unserer Väter noch undenkbar gewesen wären. Dies trotz der Tatsache, daß bereits sie mitten in einer technologisch dynamischen Situation gestanden haben. Schon die Entwicklung der elektrischen Stromversorgung, der Flugtechnik, der radioelektrischen Kommunikationstechnik, des Straßenverkehrs, der Kunststofftechnik, der Petrochemie usw. gehen auf das Konto unseres Jahrhunderts. Die Informationstechnologie mit ihren beiden wichtigsten Komponenten Mikroelektronik und Computer ist nur das vorläufig letzte Glied in dieser langen, aber schnell abgelaufenen Kette grundlegender Innovationen. Als nächstes und vorläufig abschließendes Glied dieser Kette dürfte in absehbarer Zeit noch die Biotechnik dazukommen.

Nun stellen wir aber fest, daß wir in wirtschaftlicher wie

auch in gesellschaftlicher Sicht von ganz anderen Sorgen geplagt sind als von jenen der möglichst raschen Realisierung einer Welt ohne erwerbsnotwendige Arbeit. Im Gegenteil: Wir ringen nach Arbeitsplätzen, weil das Angebot an Arbeit insgesamt knapp geworden zu sein scheint. Eine oft gehörte Ansicht geht dahin, deshalb alle Automatisierungsbestrebungen, wie sie als Bestandteile im skizzierten Zukunftsbild enthalten sind, rundweg abzulehnen mit dem Hinweis, sie wirkten arbeitsplatzvernichtend. Dahinter verbirgt sich aber nicht nur die ökonomische Sorge um die Erhaltung von Arbeitsplätzen, sondern ebenso die Sorge um die Erhaltung von Arbeitsinhalten.

Die technisch geprägte Arbeitswelt wird mehr und mehr als menschenfeindlich betrachtet und in einen Gegensatz gestellt zu einer von der Natur geprägten Arbeitswelt. Einer Arbeitswelt, die mehr vom Lauf der Sonne, von Wetter- und Gemütslagen und von einer ganz direkten Beziehung zwischen Arbeitsinhalt und Arbeitsresultat geprägt ist. Auf der anderen Seite bleibt unbestritten, daß Arbeitsteilung, Rationalisierung und Automatisierung immer jene Elemente gewesen sind und dies auch bleiben werden, aus denen die Mittel zu einer Hebung des Lebensstandards, zu einer Verlängerung der Lebenserwartung, zu einer gerechteren Verteilung der Güter, zu einem Abbau unerwünschten Mühsals und mit alledem zu einer Verbreiterung persönlicher Freiräume und Freiheiten geschöpft werden.

Güter- und Arbeitsverteilung stehen in einem eigenartigen Gegensatz: Dank Rationalisierung und Automatisierung stehen Güter in immer größerer Zahl und besserer Qualität zur Verfügung. Der entsprechende Verteilungskampf richtet sich nach einem maximalen Bezugsanteil aus. Richtschnur und Maßstab sind dabei nicht primär Bedarf und Notwendigkeit, sondern Quervergleiche mit anderen Gruppen, Gesellschaftsschichten, Individuen, Gruppeninteressen und Egoismus. Aber auch Gerechtigkeitssinn und Ethik sind Elemente, die diesen Verteilungsprozeß steuern, wenn man das Vorhandensein und die Produktion der zu verteilenden Güter als gegeben annimmt.

Bei der Verteilung der Arbeit ist es insofern gerade umgekehrt, als ihr Volumen abzunehmen scheint, dies sowohl absolut wie auch pro capita. Man weiß, und das ist relativ leicht auszurechnen, daß sowohl Güter wie Arbeitsvolumen bei gleichmäßiger Verteilung unter die Weltbevölkerung global ausreichen würden, um jedem seine Existenz zu sichern. Das ist aber Theorie, denn die Probleme liegen nicht in den Volumen, sondern in der Verteilung. Der jedem Lebewesen mit auf den Weg gegebene Instinkt der Art- und Eigenerhaltung, das intellektuelle Ungenügen zum Durchschauen komplexer Systeme und die daraus realistischerweise abgeleitete Ablehnung zentralistischer Planungssysteme sind Mechanismen, die sich der globalen Steuerbarkeit von Gütern und Arbeitsverteilung widersetzen. Alle wirklich funktionierenden Mechanismen setzen deshalb eine optimale Mischung von dezentralen und teilzentralen Steuerungselementen voraus und damit, was dasselbe bedeutet, eine optimale Mischung von Eigenverantwortung und Gemeinverantwortung.

Wir wollen nun aus dem weitgespannten Thema nur einen Teilaspekt herausgreifen und diskutieren, nämlich das Problem der flexiblen Anpassung zwischen Angebot und Nachfrage nach Arbeit. Vorerst ist festzustellen, daß es ein unerklärlicher Zufall wäre, wenn diese beiden Größen in jedem Zeitpunkt gleichgesetzt werden könnten, wenn also genau soviel Arbeit vorhanden wäre, wie von Arbeitswilligen gesucht wird. Zwischen diesen beiden Größen braucht es irgendwelche Puffer, die die zeitlich variable Differenz aufnehmen, zum Beispiel:

1. »Parkinsonsches Gesetz«: Arbeit läßt sich dehnen wie Gummi, d. h. bei viel anstehender Arbeit wird schnell, bei wenig anstehender Arbeit langsam gearbeitet. Außerhalb der produzierenden Industrie ist das wohl die verbreitetste und wirkungsvollste Pufferkonstruktion.

2. Mobilität der Arbeitskräfte: Arbeit entsteht und vergeht, die Arbeitskräfte driften in diesem Spannungsfeld zum gerade vorhandenen Arbeitsangebot. In der landwirtschaftlichen, bauwirtschaftlichen und frühindustriellen Wirtschaft war dies der bedeutendste Puffermechanismus, der Begriff »Taglöhner« unterstreicht diesen Typus. Überbleibsel sind die kurzen Anstellungs- und Kündigungsfristen für Fabrik-, Land- und Gastgewerbearbeiter und der Saisonniers. Da diese Funktionen traditionellerweise von tieferem Sozialprestige gewesen sind oder noch sind, sind diese Systeme, zum Teil sicher mit Recht, in Verruf geraten. Sie stehen großenteils im Gegensatz zu den modernen Auffassungen der Sicherung von Arbeitsplatz und beruflicher Existenz. Eine Renaissance, allerdings anderer Art und mit höherem Sozialprestige, erlebt dieses System zur Zeit mit der Forderung nach beruflich-fachlicher Mobilität, die durch eine breite Ausbildung und allenfalls Umschulung zu fördern wäre unter dem Schlagwort »éducation permanente«.

In dieselbe Pufferkategorie gehört jene moderne Form der Teilzeitarbeit, die unter dem Motto »arbeiten, um zu leben, statt leben, um zu arbeiten« segelt. Dabei wird der Effekt ausgenützt, daß der gesamtwirtschaftliche Wirkungsgrad und damit die Einkommen so groß sind, daß die bloße Existenz mit einem geringen und variablen Beschäftigungsgrad gesichert werden kann. Allerdings basiert dieses System auf einer funktionierenden ökonomischen und sozialen Infrastruktur, die nur gesichert ist, wenn bloß eine kleine Minderheit diese Möglichkeit ausschöpft; dieses System hat also gruppenegoistische Züge.

3. Konstante ausgewiesene Arbeitslosigkeit: Dieses Puffersystem wird zum Beispiel in den Vereinigten Staaten auch in Zeiten der nominellen Vollbeschäftigung angewendet. Dabei wird eine Arbeitslosenrate von wenigen Prozenten als Vollbeschäftigung deklariert.

4. Freiwillige oder verdeckte Arbeitslosigkeit: Der Puffer wird hier von jenen Arbeitsfähigen gebildet, die die Arbeit

nicht unbedingt zur Existenzsicherung benötigen, aber zur Erhöhung des Lebensstandards unter Umständen und zeitweise in Kauf nehmen oder suchen. Dazu kann zum Teil die Frauenarbeit gezählt werden, wo sie als nicht existenznotwendige Ergänzung des Männereinkommens eingesetzt wird. Dieses Puffersystem ist in der Schweiz wie auch in anderen westlichen Industrienationen gebräuchlich, Unterschiede bestehen vor allem in der statistischen Erfassung oder Nicht-Erfassung als Arbeitslosigkeit. Die weitgehende (und sachlich korrekte) Nicht-Erfassung in der Schweiz trägt zu ihrer tiefen Arbeitslosenrate bei.

5. Kurzarbeit: Dieses Puffersystem ist in neuerer Zeit bestens bekannt und angewendet worden, eine Erklärung erübrigt sich.

6. Gastarbeiter: Auch dieses Puffersystem ist wohlbekannt und nicht weiter interpretationsbedürftig.

Bei allen diesen Systemen ist festzustellen, daß die Pufferfunktionen fast ausschließlich den Arbeitssuchenden bzw. Arbeitnehmern zufallen. Diese Systeme sind extrem dezentralisiert bis hinunter zum einzelnen Individuum und sie stehen eigentlich in eigenartigem Kontrast zu den hochorganisierten wirtschaftlichen Systemverflechtungen.

Nehmen wir uns nun der Frage an, welchen Beitrag die Informationstechnologien an das Problem des Ausgleichs zwischen Angebot und Nachfrage nach Arbeit leisten könnten. Konkreter: Wäre es möglich, durch überlegten Einsatz der Informationstechnologien ein Puffersystem zu realisieren, das die vorgängig aufgezählten ergänzt oder gar ersetzt? Wäre dies nicht ein echter Beitrag zur Humanisierung der Arbeitswelt insofern, als die an sich inhumane Funktion des arbeitenden Menschen als Arbeitspuffer ersetzt werden könnte durch informationstechnologische Einrichtungen, denen die Pufferfunktion zufiele?

Meiner Ansicht nach ist das in der Tat mindestens bis zu einem gewissen Grad der Fall und sogar in Ansätzen schon sichtbar. Diese These sei hier verteidigt in der Hoffnung, daß die dafür notwendige Ausrichtung technologischer und insbesondere informationstechnologischer Innovationen gepflegt werde. Diese Überzeugung und diese Hoffnung gründen auf den folgenden Feststellungen:

1. Erstmals in der Geschichte unserer Technik hat die moderne Informationstechnologie Produkte herausgebracht, die sowohl aus materiellen wie aus intellektuellen Bestandteilen bestehen. Diesbezüglich ähneln diese Produkte den Büchern und Zeitungen, (die aber nicht als Produkte im industriellen Sinn verstanden werden), deren materieller Bestandteil das bedruckte Papier und deren intellektueller Bestandteil der dichterische oder journalistische Text ist. In die Informationstechnologie übertragen heißen diese Komponenten Hardware und Software. Die Erstellbarkeit von Software ist von spezifischen Kenntnissen über die Hardware genauso weitgehend unabhängig wie die Kunst des Journalismus von profunden Kenntnissen der Drucktechnik. Hier wie dort appelliert der intellektuelle Teil der Produktion an andere menschliche Fähigkeiten als der technische Teil und erweitert so die Chancen für Arbeitswillige, eine ihnen passende Tätigkeit zu finden. Jean-Jacques Servant Schreiber ist sogar so weit gegangen vorzuschlagen, die Software-Entwicklung als geeignete industrielle Tätigkeit in Entwicklungsländern anzusiedeln. Dies aus der Beobachtung heraus, daß es sich dabei um enorm arbeitsintensive Prozesse handelt, die losgelöst von einer großtechnologischen Infrastruktur abgewickelt werden können und deren intellektuelle Voraussetzungen durch gar nicht allzu aufwendige Schulung fast überall geschaffen werden können.

2. Die Informationstechnologie ist die erste große Basistechnologie, deren Ausschöpfbarkeit von ihrer Natur her dezentralisierbar ist. Dieser Effekt hängt mit der engen Verzahnung von Informationsverarbeitung und Informationsübertragung zusammen, also mit der Symbiose von Computertechnik und Fernmeldewesen. Damit wird es

selbst im großindustriellen Maßstab erstmals möglich, Arbeit in erheblichem Ausmaß geographisch zu dezentralisieren, falls die dazu erforderlichen Organisationsformen entwickelt werden. Jede Abkehr von der Konzentration industrieller Produktion in Ballungsräumen führt aber erfahrungsgemäß zu einer Erhöhung der Flexibilität im Verhältnis zwischen Arbeitsangebot und Arbeitsnachfrage. Es handelt sich also um eine Pufferfunktion. Der bekannte Begriff »Heimarbeit« illustriert diesen Sachverhalt deutlich. Es wäre deshalb angebracht, diesen Begriff im Lichte der neuen Möglichkeiten der Informationstechnologien neu zu durchdenken und ihm im Gesamtrahmen einer veränderten Wirtschaftsorganisation seine Bedeutung zu geben.

3. Gerade im Bereich der informationstechnologisch beeinflußten Arbeiten gibt es eine Menge von Arbeitsgängen, die entweder durch den Menschen oder computergestützt durch Automaten erledigt werden können. Nach gängiger industrieller Erfahrung scheint dabei der automatisierte dem nicht-automatisierten Arbeitsgang ökonomisch immer überlegen zu sein. Im Lichte einer im Umfeld des Computerwesens veränderten Kostenstruktur ist diese Annahme aber nicht mehr durchwegs richtig. Der Betrieb computergestützter Einrichtungen kann nämlich hohe laufende Kosten verursachen, die als variable Kostenbestandteile proportional mit der Produktionsmenge ansteigen. Wenn diese Kostenbestandteile von der gleichen Höhe sind wie die entsprechenden Lohnkosten bei einer nicht-automatisierten Fertigung, dann kann bei gleichem wirtschaftlichem Ergebnis freizügig zwischen menschlicher und maschineller Fertigung gewählt werden. In diesem Fall kann die Rolle der Pufferfunktion vom arbeitenden Menschen direkt auf computergestützte Automaten übertragen werden. Derartige Puffersysteme müßten allenfalls durch geeignete Finanzierungs- und Fiskalsysteme unterstützt werden derart, daß die fixen Kosten stillstehender Automaten von dieser Seite her entlastet würden.

4. Eine weitere und vielleicht die bedeutendste Chance zur Erhöhung der Flexibilität im Arbeitsangebot bietet uns aber gerade das Zukunftsbild einer Wirtschaft ohne erwerbsnotwendige Arbeit, wie sie als reichlich überspitztes Szenario eingangs skizziert worden ist. Es ist zwar schon darauf hingewiesen worden, daß dieses Szenario im wesentlichen nur aus technologischen Elementen besteht, die wir heute schon kennen oder einigermaßen überblicken. Aber es ist noch nicht gesagt worden, daß die Realisierung solcher Elemente bis zu ihrer Praxisreife einen ganz enormen Arbeitsaufwand erfordern würde. Es handelt sich dabei gewissermaßen um Investitionen in die Zukunft, die in der Form von heutiger Arbeitsleistung aufgebracht werden können. Das ergibt einen Arbeitsvorrat, der sich geradezu ideal für die Realisierung der gewünschten Pufferfunktion eignet.

Jene, die uns in absehbarer Zeit eine vollautomatisierte Industrie ohne Arbeitsplätze als Schreckgespenst an die Wand malen, übersehen, daß der Weg dazu, wenn er überhaupt eingeschlagen wird, über einen großen Arbeitsaufwand führt. Nur wird dieser in anderer Form und andernorts zu leisten sein als jene Arbeit, die künftig dadurch allenfalls ersetzt würde. Von allen Langzeitwirkungen bereits vollzogener Automatisierungen weiß man jedenfalls, daß sich in punkto Arbeitsangebot zwar strukturelle Veränderungen mit inhaltlich und geographischen Verschiebungen ergeben haben, daß das Arbeitsangebot insgesamt jedoch damit nicht zurückgegangen ist, meist im Gegenteil. Hätte etwa der massive, bereits vollzogene Einsatz des Computers im kaufmännisch-kommerziellen Bereich so viele Arbeitsplätze vernichtet wie Arbeitspotential von den Computern übernommen worden ist, gäbe es schon längst keinen einzigen Beschäftigten mehr in diesem Wirtschaftsbereich, vielmehr ist das Gegenteil eingetreten. Aber nicht nur die Personalbestände, sondern auch das mittlere Qualifikationsniveau und damit das mittlere Realeinkommen haben dabei zugenommen. Ein Qualifikationsniveau übrigens, das von unserer Bevölkerung, eine durchaus zumut- und verkraftbare Ausbildung vorausgesetzt, erreicht wird. Dies sei nur am Rande jenen Kritikern entgegengehalten, die eine Qualifikationssteigerung der informationstechnologisch ausgerichteten Wirtschaft voraussagen, die nicht erreichbar sei oder dann nur um den Preis einer Polarisierung der Arbeitswelt in einen über- und einen unter-intellektualisierten Teil. Eine derartige Behauptung kann nur aufgestellt werden, wenn man nicht vorauszusehen vermag, daß auch hier eine Arbeitsteilung mit Arbeitsangeboten ganz verschiedener Qualifikationsstufen in Entstehung begriffen ist.

Abschließend sei auf unser Zukunftsbild einer Selbstbedienungswirtschaft ohne erwerbsnotwendige Arbeit zurückgekommen, von dem gesagt worden ist, seine Errichtung böte einen fast unendlichen Vorrat an Arbeit. Man wird mit Recht einwenden, eine derartige Zukunft unseres Planeten wünsche sich niemand, dieses Bild sei absurd und allenfalls die Ausgeburt krankhafter Technologengehirne. Darauf sei vorerst geantwortet, daß dies durchaus auch meine Ansicht ist. Gleichzeitig sei aber beigefügt, daß man in der Beurteilung des künftig Wünschbaren und Selbstverständlichen vorsichtig sein muß (man vergleiche die Prognosen des letzten mit der Wirklichkeit dieses Jahrhunderts), und daß dieses Szenario in seiner Überspitzung doch Ansatzpunkte zu Überlegungen bietet, in welche Richtung sich unsere wirtschaftlichen Tätigkeiten entwickeln können. Daß dies nicht nur Vermutungen und Behauptungen, sondern schon Praxis mit Beweiskraft ist, belegen Beispiele der Beschäftigtenzahlen und der Kapazitätsauslastung innovativer Unternehmen, wobei in allen diesen Beispielen die moderne Informationstechnologie die entscheidende Rolle spielt.

Der mit dem massiven Einsatz des Mikroprozessors Ende der Siebzigerjahre geprägte Begriff »dritte industrielle Revolution« legt einen Vergleich mit der zweiten dieser Revolutionen nahe, nämlich mit der seinerzeitigen Mechanisierung der Manufaktur-Produktion. In der Schweiz, man erinnere sich an den Ustermer Sturm, ist es damals darum gegangen, die vordem manuell ausgerichtete Textilherstellung mittels mechanischer Apparaturen zu automatisieren. Tausende von Arbeiterinnen und Arbeitern haben damals nicht nur ihren existenzsichernden Arbeitsplatz verloren, sondern sie mußten auch wehrlos zusehen, wie ihre in langen Jahren gewonnenen Berufserfahrungen entwertet worden sind. Aber, und das hat sich im nachhinein als entscheidend erwiesen, aus der Mechanisierung der Textilfertigung heraus ist eine ganz neue wirtschaftliche Tätigkeit erwachsen, nämlich der allgemeine Maschinen- und Apparatebau. Bekanntlich bildet dieser Wirtschaftszweig heute das Rückgrat der Schweizer Wirtschaft, ohne den dieses Land jener armselige Fleck auf dem Globus geblieben wäre, von dem Engels vorausgesagt hat, er werde es immer bleiben.

Bei allen grundsätzlichen und graduellen Unterschieden ist es doch nicht zu übersehen, daß die heutige Phase eines technologischen Umbruchs mit vorübergehenden wirtschaftlichen Schwierigkeiten jener früheren in manchem ähnelt. Auch heute wird, diesmal mit Informationstechnologie wie ehedem mit Mechanik, Automatisierung und Rationalisierung bestehender Arbeitsprozesse betrieben. In beiden Fällen war und ist dies eine Notwendigkeit im Konkurrenzkampf des wirtschaftlichen Überlebens. In beiden Fällen entstand und entsteht daraus ein neuer Wirtschaftszweig, der schließlich von seiner Bedeutung für die wirtschaftliche Wohlfahrt her jenen weit in den Schatten stellt, von dem er ausgegangen ist. Erstaunlich ist dabei lediglich, daß trotz dieser historischen Erfahrung erneut Mutlosigkeit, Verzagtheit und Zukunftsangst um sich gegriffen haben. Verständlich ist die Angst bei jenen, die wie damals Opfer der technologischen Umstellungen sind und die Bürde des Technologiewandels existentiell zu tragen haben. Anders als damals verfügen wir aber heute über die Einrichtungen und Mittel und auch die Einsichten, um diesen vorübergehend Benachteiligten gegenüber praktische Solidarität zu üben. Dies nicht etwa in caritativer Mission, sondern mit handfesten arbeitsorganisatorischen Maßnahmen. Dazu gehören etwa eine überlegte Arbeitsgliederung in Bereiche, die nicht, wenig oder stark von neuen Technologien geprägt sind, das Anlernen oder Umschulen Lernfähiger und Lernwilliger und die Förderung einer Sozialprestige-Anschauung, die nicht nach technologisch »alt« und »neu« unterscheidet. Denn man täusche sich nicht: Neutechnologisch wenig geprägte Tätigkeiten gibt es auch in einer technologisch innovativen Wirtschaft eine ganze Menge, bis hin zum klassischen Handwerk, das in gewissen Bereichen, wenn nicht alles täuscht, sogar eine Aufwertung erfahren dürfte. Dies allerdings nur, wenn der Wirtschaftsablauf als Ganzes unter Einsatz der neuen Technologien in Gang gehalten wird.

Es sei abschließend allerdings nicht verschwiegen, daß es in unserer Gesellschaft tiefsitzende und begreifliche Hemmungen gibt, dem gegenwärtigen Technologiewandel ohne weiteres zu folgen. Anders als bei der seinerzeitigen Mechanisierungswelle ist der heutige informationstechnologisch abgestützte Technologiewandel nicht greifbar und deshalb viel schwerer begreifbar. Damit ist die Tatsache gemeint, daß die moderne Informationstechnologie sich anheischig macht, denkähnliche Operationen zu vollziehen und zu automatisieren. Das aber ist in der Technik- und auch in der Menschheitsgeschichte ein durchaus neuartiges Erlebnis, das zuerst verdaut sein will.

Man hat es akzeptiert oder gar begrüßt, daß der Mensch von mühsamer Kraftarbeit und ermüdender repetitiver manueller mechanischer Arbeit entlastet worden ist. Aber das »Denken« ist bisher unausgesprochen als dem Menschen vorbehalten betrachtet worden. Schon unsere Sprache vermag nicht zwischen den verschiedenen Arten denkartiger Prozesse zu differenzieren, wie sie etwa in einem Computer oder einem menschlichen Gehirn ablaufen, obwohl es sehr grundsätzliche Unterschiede gibt. Es kann dies im Rahmen dieser Arbeit nicht näher erläutert und belegt werden, es kann lediglich festgestellt werden, daß erfahrungsgemäß das, was sprachlich nicht ausdrückbar ist, nur mit allergrößten Schwierigkeiten ausdenkbar ist. Wir befinden uns deshalb zur Zeit in einer Art von »Aufklärungsphase«, während der ein einigermaßen natürliches Verhältnis zu Apparaturen zu schaffen ist, die uns scheinbar unsere einmaligen Fähigkeiten des Denkens streitig machen. Man hat diesen Prozeß schon als »zweite Alphabetisierung« bezeichnet, womit vieles von seiner Grundsätzlichkeit und auch Problematik im Generationenwechsel angedeutet ist.

Die Frage: »Müssen wir morgen weniger oder mehr arbeiten?«, ließe sich im Lichte dieser Überlegungen wie folgt knapp beantworten:

Falls wir von der fixen Idee abkommen, der eben erreichte Stand der Technik sei für alle Zeiten genau das richtige, und falls wir uns dann den uns zu Füßen liegenden Innovationsmöglichkeiten mit Sportsgeist annehmen, werden wir

- *erstens* genug zu arbeiten haben,
- *zweitens* Angebot und Nachfrage nach Arbeit flexibler angleichen können und
- *drittens* dank dem damit verbesserten Gesamtwirkungsgrad der Wirtschaft den gewünschten Lebensstandard mit weniger Arbeit sichern können.

All dies in einer Art »inneren Wirtschaftswachstums«, gekennzeichnet durch Verfeinerung und Dezentralisierung mit rückläufiger Belastung von Umwelt und Ressourcen.

Georg H. Endress

Wege aus der Beschäftigungskrise – Antwort eines Unternehmers

Seit Monaten folgt eine Hiobsbotschaft aus der Industrie der anderen. Kein Tag vergeht, an dem wir nicht von neuen wirtschaftlichen Problemen irgendwo in der Welt hören müssen. Dabei sind gleichermaßen die unterentwickelten wie die hochindustrialisierten Länder betroffen; selbst und gerade auch die Opec-Staaten. In der Bundesrepublik Deutschland gab es dramatische politische Entwicklungen auf dem Hintergrund ernster wirtschaftlicher Schwierigkeiten. In Japan, in aller Augen ein Wirtschaftswunderland par excellence, tritt der Ministerpräsident aufgrund wirtschaftlicher Probleme seines Landes zurück. In Schweden macht eine sozialdemokratische Regierung einen Währungsschnitt, wie wir ihn sonst nur von Bananenrepubliken kennen. Hunderttausende gehen in Dänemark auf die Straße, um gegen die Sanierungsmaßnahmen an einem überschuldeten Staatshaushalt zu protestieren. In einem unserer unmittelbaren Nachbarländer denkt man über Protektionismus ernsthaft nach. Europa und die Vereinigten Staaten streiten sich öffentlich und langanhaltend wegen Stahlimporten und Erdgasröhren. Selbst in der Schweiz, die bisher als Oase galt, häufen sich die negativen Schlagzeilen. Auch hier stimmen die Staatsfinanzen, die Industriestruktur, die reale Arbeitslosenquote, die Finanzierungsprobleme der Sozialversicherung und das Wirtschaftswachstum nicht mehr mit dem überein, was wir seit vielen Jahren gewohnt sind. Die Arbeitslosenzahlen in den westlichen Industrieländern nehmen mit nie dagewesener Beschleunigung zu. Die Schlagzeilen ließen sich beliebig fortsetzen ...

Daraus ergeben sich viele Fragen: nach den Ursachen für die Erschütterungen unserer Volkswirtschaften; nach dem Grund für den Pessimismus vieler Menschen, für die die Grenzen des Wachstums erreicht scheinen; nach der Regierbarkeit oder Unregierbarkeit demokratischer Staaten. Sind wir in einer Krise der Marktwirtschaft? Können wir Vollbeschäftigung zurückgewinnen? Und wie sehen unsere Lösungsansätze real aus?

Wenn Carl Friedrich von Weizsäcker einmal sagte: »Wir kennen nur die Gesetze der Vergangenheit, wir kennen nicht die Gesetze der Zukunft«, dann hat er damit im Prinzip sicher recht gehabt. Mir als Unternehmer ist seine Aussage jedoch nur geringer Trost. In meiner kleinen Firmengruppe sehe ich mich täglich mit den Realitäten dieser Zeit und dieser Welt auf allen Ebenen konfrontiert: Die Wechselkursprobleme der internationalen Geldströme gehören hier genauso dazu wie die überwältigenden Technologieprobleme der Mikroelektronik oder Mitbestimmungsfragen unserer Belegschaft. Aus dieser täglichen Herausforderung heraus – und das ist es ja, was mich als Unternehmer anspricht – sind meine Entscheidungen von heute die Investitionen für morgen und die Arbeitsplätze für übermorgen. Dies geschieht, ohne »die Gesetze der Zukunft« zu kennen. Professionelle Prognostiker helfen mir dabei wenig, weil sie selbst viel zu sehr in ihren Unsicherheiten gefangen sind. Was bleibt, ist »Glaube«.

Ich weiß wohl, daß dieser Vorspann die Antworten auf das Thema, ob wir morgen weniger oder mehr arbeiten müssen, nicht leichter macht. Meine Erfahrung (und das ist ein Teil meiner »Gesetze der Vergangenheit«) sagt mir, daß Prognosen auf unterschiedlichem Erfahrungshintergrund unterschiedlich ausfallen müssen und daß der Wahrscheinlichkeitsgrad einer Prognose eine höchst subjektive Größe ist. Schließlich weiß ich, daß Prognosen wie Handgranaten sind: je weiter man sie wirft, desto weniger wird man selbst getroffen.

Eine allenthalben von »der Wissenschaft« als Antwort auf die gegebene Frage aufgestellte These, daß nämlich die Arbeit knapp werde und daß der mögliche technische Fortschritt nicht mehr zur Schaffung neuer Arbeitsplätze ausreiche, befriedigt mich nicht. Wir alle wissen, wie gerade über Beschäftigungsaspekte Vorhersagen unscharf sind: so müßten wir in der Bundesrepublik Deutschland nach einer Untersuchung des Jahres 1979 heute nur 1,3 Millionen Arbeitslose haben. Was wir haben sind 1,8 Millionen. Viele Indizien sprechen dafür, daß die Parameter des Arbeitsmarktes nur sehr unvollständig bekannt sind und daß selbst die »5 Weisen«, also der Sachverständigenrat der deutschen Bundesregierung, über ein nur unzureichendes Instrumentarium auf diesem Gebiet verfügt, wenn man seine Vorhersagen an den Realitäten mißt.

Berechnungen des Ifo-Instituts im Jahre 1978 gingen davon aus, daß ein durchschnittliches Wachstum von 5% in den nächsten Jahren die Voraussetzung dafür wäre, daß wir bei einer wöchentlichen Arbeitszeit von 40 Stunden und einer Erhöhung der Zahl der Urlaubstage von damals 27 auf 30 am Ende der 80er Jahre eine noch als erträglich einzustufende Arbeitslosenzahl von 550 000 erreichen würden. Dabei würde, alles für die Bundesrepublik Deutschland, die Zahl der erwerbsfähigen Bevölkerung jährlich um ca. 100 000 zunehmen und eine Abnahme erst gegen Ende der 80er Jahre zu erwarten sein. Die gleiche Untersuchung kam zu dem Ergebnis, daß die seinerzeitigen Beschäftigungsprobleme vor allem aus dem Rückgang der Zahl der Erwerbstätigen im produzierenden Gewerbe resultieren. Wir wissen heute, daß letzteres sogar noch gravierender geworden ist und daß die gesamte Arbeitsmarktentwicklung von der Personalentwicklung in der Industrie entscheidend geprägt wird, auch wenn dort nur etwa ein Drittel aller Erwerbstätigen arbeitet.

Die heutige Situation auf den Arbeitsmärkten ist sicher zu einem Teil auf die nachfragebedingte Unterauslastung der vorhandenen Produktionskapazitäten zurückzuführen. Wir dürfen aber nicht übersehen, daß von 1970 bis 1980 fast eine Million Arbeitsplätze in der bundesdeutschen Industrie endgültig verloren gegangen sind, sei es im Schiffbau, bei den EBM-Waren, in der Textilindustrie, in der ledererzeugenden und verarbeitenden Industrie, in der feinkeramischen Industrie oder im Baugewerbe. Zwar sind in den letzten Jahren dafür aufgrund von Strukturveränderungen in anderen Wirtschaftsbereichen zusätzliche Arbeitsplätze entstanden, der Verlust konnte jedoch nicht voll kompensiert werden. Bei gleichbleibender Beschäftigungsintensität müssen in erheblichem Umfang neue, zukunftsträchtige Arbeitsplätze geschaffen werden. Andernfalls besteht die Gefahr, daß langfristig ein zu niedriges, obendrein noch veraltetes Produktionskapital kein ausreichendes Beschäftigungspotential mehr anbieten kann. Lohnkostenentwicklungen und Investitionsschwächen sind hier zugehörige Stichworte, auf die ich zurückkommen werde.

Ich will einräumen, daß ergänzende Möglichkeiten zur Aufteilung des vorhandenen Arbeitsvolumens in Betracht gezogen werden müssen, wenn andere Mittel nicht ausreichen. Es gibt inzwischen unendlich viele Vorschläge hierzu, als da sind: Verkürzung der Lebensarbeitszeit, Bildungsurlaub, Verlängerung des Schulbesuchs, Baby- oder Erziehungsjahr, verstärkte Teilzeitarbeit, um nur einige zu nennen. Zumindest bisher jedoch sind solche Vorschläge an betriebs- oder volkswirtschaftlichen Kostenbetrachtungen gescheitert oder an Qualifikationsproblemen, letzteres besonders im Bereich der Arbeitsplatzteilung. Wir mußten nämlich in den letzten Jahren feststellen, daß bei einer zahlenmäßig geringen Nachfrage nach zusätzlichen Arbeitskräften der Bedarf an Facharbeitern und qualifizierten Angestellten überproportional gewachsen ist. Nicht nur Unternehmer werden mir zustimmen, daß selbst heute, mitten in einer wirtschaftlichen Krise, an einsatzbereiten und qualifizierten Mitarbeitern Mangel herrscht. In meinem Hause beispielsweise hat gerade in den Jahren 1981 und 1982 das Budget für Personalsuche eine noch nie dagewesene Größenordnung erreicht.

Als Unternehmer kann ich jedoch ernsthaft nicht dazu bereit sein, über eine wie auch immer gestaltete Verteilung der vorhandenen Arbeit zu diskutieren, da ich der Überzeugung bin, daß viele unserer Probleme hausgemacht sind und Lösungsansätze auf der Hand liegen. Dabei bin ich mir bewußt, daß in der öffentlichen Diskussion über die Ursachen für unsere strukturelle Arbeitslosigkeit die Analyse einer Schelte gleichgesetzt wird, weil bestimmte gesellschaftliche Gruppen sich getroffen fühlen. Auf diesem Feld wird viel »schwarzer Peter« gespielt und Ursachen in Wirkung umgefälscht. Ich möchte deshalb, ganz subjektiv aus meiner Sicht, den Versuch unternehmen, die verschiedenen Ansichten – und hier spreche ich bewußt von Ansichten, weil vielfach die Beweise fehlen – zu katalogisieren.

Da gibt es eine Gruppe, für die steht der Nachfragemangel oder, wenn man so will, die Sättigung als Ursache ganz oben. Die Maßnahmen zur Beseitigung sind hinreichend bekannt, auch deren Folgen in Form der Milliarden-Haushaltslöcher, die durch Steuermehreinnahmen kaum noch zu decken sind. Dabei wird der Faktor Mensch vergessen, dessen Leistungsbereitschaft bei zunehmender Abgabenlast schwindet. Ein Symptom ist die Schwarzarbeitsquote, die sich parallel zum Verschuldungsgrad einer Volkswirtschaft entwickelt, und, wie beispielsweise in Schweden, bis zu 13% des Bruttosozialproduktes erreichen kann. Aus einer Theorie der unausgelasteten Produktionskapazitäten haben sogar alle Wirtschaftsinstitute noch 1980 geraten, Milliardenbeträge zur Nachfrageankurbelung auszugeben. Und das Resultat ist bekannt.

Eine zweite Gruppe in der Bundesrepublik Deutschland spricht von einer ungünstigen demographischen Entwicklung der Bevölkerung und führt hierauf die Beschäftigungsprobleme zurück. Dazu zählt, daß die Zahl der Frauen rascher zugenommen hat als die der Männer. Natürlich erzeugt eine steigende Zahl an Erwerbstätigen in einem schrumpfenden Arbeitsmarkt Überdruck. Aber warum soll eine gutausgebildete Arbeitskraft, die mit ihrem aus Angebot und Nachfrage resultierenden Entgelt zufrieden ist, Probleme verursachen? Ist es nicht gerade die einseitige Kartellisierung bei Löhnen und Gehältern, die den Gesetzen unserer Marktwirtschaft nicht folgt? Warum darf sich der Preis nicht dort bilden, wo die Arbeit für einen Dritten etwas wert ist? Wird hier nicht schon wieder Ursache und Wirkung verwechselt?

Für eine dritte Gruppe unserer Analytiker der strukturellen Arbeitsmarktprobleme liegt die Ursache im Strukturwandel hin zum Dienstleistungssektor mit geringerem Produktivitätsfortschritt. Diese Frage ist in der Tat äußerst problematisch und sehr ernst zu nehmen. Im Jahr 1977 war erstmals in der Bundesrepublik Deutschland die Zahl der Arbeiter geringer als die der Angestellten und Beamten. Allerdings darf dies lediglich als Indikator verstanden werden, der darauf hinweist, daß der Verlagerungsprozeß in die Büros hinein unaufhaltsam fortschreitet. In einer engeren Definition hat der Tertiärsektor eigentlich keine eigene Rolle, da er überwiegend Zulieferer, Verteiler und Umverteiler ist. In dieser Funktion ist er abhängig von der Entwicklung des gewerblich-industriellen Sektors. Beide Leistungsarten sind heute zu einem produktionstechnischen Paket verschnürt. Die Expansion des letzten Jahrzehnts war jedoch eine reine Personalexpansion, wobei ein Teil des Produktivitätszuwachses der Güterproduktion absorbiert wurde. Es sei dahingestellt, ob dies naturgegeben ist oder ob Zwänge maßgebend waren. Immerhin fällt auf, daß vom Beschäftigtenzugang beim Tertiärsektor in der deutschen Bundesrepublik von 1960 bis 1979 von insgesamt 1,8 Millionen Personen allein 1,5 Millionen auf den Staat entfallen. Und dabei ist über die Hälfte des Zuwachses im öffentlichen Bereich dem Bildungssektor zuzuordnen.

Der Tertiärsektor entwickelt also einen Umverteilungsvorgang: aus Marktwirtschaft wird politische Ineffizienz. Mit dem Rationalisierungsdruck auf die Industrie und Landwirtschaft werden die Ressourcen erzeugt, die einen großen Personenkreis den ökonomischen Zwängen des Marktmechanismus entziehen. Dennoch nehmen sie an den Früchten des Leistungswettbewerbs teil. Ich halte den Weg, über die Verbeamtung zur Dienstleistungsgesellschaft zu gelangen, für gefährlich. Niemand wird gegen eine am Wettbewerb orientierte Dienstleistungsgesellschaft etwas einzuwenden haben, da mit steigenden Realeinkommen mehr für Reisen, Freizeit, Unterhaltung, Gesundheitspflege, Bildung usw. aufgebracht werden kann. Für unsere Wirtschaft wären die Hoffnungen auf eine Realisierung der bundesrepublikanischen Dienstleistungsgesellschaft tödlich, da es nur vom gewerblich-industriellen Sektor abhängt, welche Zahl und welche Art von Arbeitsplätzen bereitsteht und wie vielen Menschen ein Arbeiten außerhalb des Leistungswettbewerbs zugestanden werden kann.

Die Dienstleistungsgesellschaft verursacht, in der Sprache des Unternehmers, Fixkosten oder Gemeinkosten. Sie sind in den letzten Jahren überproportional gestiegen, auch aufgrund der vermeintlich größeren gesellschaftlichen Aufgaben. Sie engen als Fixkosten den Verteilungsspielraum ein und steigern als Gemeinkostenzuschlag ständig unsere Lebenshaltungskosten. Die volkswirtschaftliche These von den »falschen« und »echten« Kosten soll nicht aufgegriffen werden, weil in ihnen schon Wertung steckt. Was not tut, ist, das Volumen der »falschen« Kosten in dem unabdingbar notwendigen Maß zu halten.

Eine vierte Gruppe verweist auf die veränderten Produkt- und Produktionsbedingungen in der Welt. Dieser Wandel verursache höhere Arbeitslosigkeit. Dem kann ich schon eher zustimmen, weil ich täglich sehe und spüre, wie schleppend der Innovationsprozeß in der Schweiz oder in der Bundesrepublik Deutschland im Vergleich zu anderen Ländern in Gang kommt. Das schöpferische Element in unserer Volkswirtschaft ist entscheidend zu kurz gekommen. Wir sind bereits schon so weit, daß wir auf diesem Feld den Vergleich mit anderen Volkswirtschaften scheuen müssen. Technologische Umwälzungen, neue Anbieter mit neuen Strategien oder Veränderungen im politischen Umfeld, das erfordert größere Flexibilität und Anpassungsbereitschaft. Ich sage, daß wir in der Schweiz und in Deutschland in diesem Punkt nicht gut genug sind. Schrittweise Produktivitätsverbesserungen reichen nicht mehr aus, um mithalten zu können. Verfahrensinnovationen allein helfen nicht weiter.

Ganze Wirtschaftsbereiche haben wir in den letzten 20 Jahren fast kampflos anderen Industrieländern überlassen müssen; Uhren oder Foto oder Video sind Marksteine und Synonyme für viele andere. Allen gemeinsam ist, daß bei uns die Innovationsrate zu gering, die Produktionskostenstruktur ungünstig, Markterschließung und Marktpflege unstimmig war; kurz: daß wir überlegenem Technologiemanagement zum Opfer fielen. Bei der Unternehmensberatung McKinsey spricht man hier vom »Old and new game«, und Professor Albach verlangt nach den »Stars« im Sortiment eines Landes.

Trotz sinkender Produktivität sind die Personalkosten ständig gestiegen, und zwar nicht nur absolut, sondern auch relativ. Die Personalkosten der deutschen Industrie stiegen von 1960 bis 1980 von DM 8500 auf DM 45 670 je Beschäftigten (d. h. sie stiegen im Durchschnitt um 8,8% jährlich). Der Personalkostenanteil am Umsatz stieg im gleichen Zeitraum von 24% auf 32% und der Anteil der Personalaufwendungen an der gesamten Wertschöpfung eines Unternehmens von 67% auf 78%. Dies hatte zur Folge, daß die Eigenkapitalrendite von über 11,5% auf ca. 6% fiel. Der Eigenkapitalanteil in den Unternehmen sank drastisch, so hat sich bei den börsennotierten Aktiengesellschaften in der Bundesrepublik Deutschland der Anteil derer mit weniger als 15% Eigenkapital in den letzten 20 Jahren verdreifacht.

Die Fremdkapitalgeber waren äußerst zurückhaltend, höhere Investitionsrisiken mitzutragen. Im Ergebnis paßten die Unternehmen die Erhöhung des Fremdkapitalanteils der Minderung des Geschäftsrisikos an. In unseren Unternehmen sind heute nicht mehr Umsatzsteigerungen für die Kostensteigerungen verantwortlich. Es ist gerade umgekehrt: die Kostensteigerungen sind die Triebfeder für die Umsatzsteigerungen.

Ich halte den Mangel an Risikobereitschaft, den Mangel an Innovationskraft und die zu hohen Arbeitskosten für die echten Strukturprobleme unseres Arbeitsmarktes. Um diese zu beheben, müssen wir die Angebotsbedingungen unserer Wirtschaft verbessern und müssen vor allem Forschungs- und Technologiepolitik sowie Investitionspolitik betreiben. Ich wäre ein schlechter Unternehmer, wenn ich nicht hierbei sofort vor dem Versuch der Investitionslenkung warnen würde oder vor dem Versuch, jedwede Förderung unmittelbar an die Schaffung neuer Arbeitsplätze zu koppeln. Wir alle kennen den Sinn und den Unsinn der Förderprogramme in der Bundesrepublik Deutschland in den letzten Jahren. Eine Flut öffentlich bezahlter Gutachten über den Zusammenhang zwischen technischem Fortschritt oder Investitionen und der Beschäftigungslage entstand aus dem Irrglauben, daß öffentliche Förderung auf diesem Gebiet von Natur aus Arbeitsplätze wegrationalisieren würde. Ich sage, daß das Gegenteil der Fall ist. Jede Verbesserung der Angebotsseite, der Forschung, der Entwicklung, der Investition, vermindert tendenziell die Arbeitslosenquote, auch wenn die Beschäftigungsorientierung nicht offenkundig ist. Wiederum wird bei dieser These die Frage aufkommen, ob wir überhaupt Angebotsprobleme haben oder ob nicht die fehlende Nachfrage das Problem sei.

Professor Dahrendorf hat häufig die Interpretationen der Philips-Kurve durch die Wirtschaftswissenschaften kommentiert. Ist es aber richtig, daß bei Arbeitslosigkeit keine Angebotsprobleme bestehen? Von meinem Unternehmerstandpunkt aus kann ich die wirtschaftswissenschaftliche Theorie eigentlich nur so interpretieren: Gibt es in meinem Unternehmen Überkapazitäten, dann werde ich versuchen, das Angebot meiner Firma durch Innovation und Investition attraktiver zu machen. Mit Überkapazität habe ich zudem als mittelständische Firma keine Überlebenschance, wenn ich in einem solchen Fall nur auf die Nachfrage schauen würde. Gilt diese Selbstverständlichkeit nicht auch für eine Volkswirtschaft?

Ein guter Teil der heute nicht genutzten Kapazitäten in unserer Industrie gehört zur Nachfragestruktur von 1960 oder von 1970, nicht aber zu der von heute. Ich begreife nicht, warum diese Produktprobleme in unserer Betrachtung der strukturellen Arbeitslosigkeit so unterbewertet werden. Warum können wir nicht wie die Japaner eine ganze Sortimentsphilosophie um unser Angebot aufbauen? Viele haben noch nicht begriffen, daß deren Einstieg über Fernsehgeräte, über Video, Halbleiter, Kameratechnik, Optik, Photokopierer, Büromaschinen, Magnetband, Film, Computer, eine in sich fast geschlossene Produktstrategie beinhaltet. Es ist die Strategie der Konvergenz. Photokopiergeräte oder Videokameras beispielsweise beruhen auf der Umwandlung optischer Signale in elektrische. Diese Erfahrungen öffnen den Zugang zum Bereich der Telecommunication über Fernkopierer; damit sind die Startchancen der Japaner im Rennen um dieses große Zukunftsfeld wiederum glänzend. Es kommt nicht von ungefähr, wenn der Vorstand von Valvo/Philips in den letzten Tagen öffentlich laut über die Überlegenheit der Japaner in der Halbleitertechnik nachdenkt, denn es ist ein Ergebnis langfristig angelegter Angebotsstrategie.

Aber es ist nicht nur unser technologischer Rückstand gegenüber Japan und gegenüber den Vereinigten Staaten, es sind nicht nur die zu hohen Arbeitskosten in unseren Ländern, auf die wir unsere strukturelle Arbeitslosigkeit zurückführen müssen. Auch die Ignoranz und die Selbsttäuschung in den westlichen Industrieländern, das Augenschließen vor der Realität sind wesentliche Ursache. Es ist anders nicht erklärbar, daß Märkte verloren werden aus Gründen wie Produktionstechnik, Qualität und Zuverlässigkeit, Liefertermintreue oder Kundendienst. Man hat aufgehört, darum zu kämpfen, daß Wettbewerbsvorteile anderer durch eigene Leistung neutralisiert werden. Man ist einfach zu satt geworden. Jeder aus der industriellen Wirklichkeit weiß, daß sich Angebotsbedingungen nur sehr langsam und durch eine langfristig durchgehaltene Politik und Strategie verbessern lassen. Deshalb spüren wir heute die Versäumnisse der 70er Jahre und werden, wenn wir nicht unser Verhalten ändern, in 10 Jahren unsere heutigen Versäumnisse zu spüren bekommen.

Es sind also langfristig angelegte, kalkulierbare Maßnahmen erforderlich, nicht kurzfristige Milliardenprogramme zur Konjunkturankurbelung. Einmalige, undifferenzierte Steuersenkungen oder globale Investitionszulagen können keine Verhaltensänderungen herbeiführen. Es muß aufhören, daß Programme jeder Dellenwirkung eines Konjunkturzyklus unterliegen. Unternehmerisches Handeln ist von Natur aus darauf angelegt, Arbeitsplätze bewußt zu erhalten. Aus Gründen der Konkurrenzfähigkeit kann im Mikrokosmos eines Unternehmens vorübergehend die Zahl der Arbeitsplätze zurückgehen; solche Freisetzungseffekte bei Rationalisierungsinvestitionen müssen hingenommen werden, wenn das langfristige Wachstum nicht gefährdet werden soll. Arbeitsbeschaffung um ihrer selbst willen widerspricht jedoch der unternehmerischen Aufgabe und Zielsetzung, weshalb unproduktive Arbeitsplätze zu minimieren sind. Künstliche Eingriffe in ein komplexes volkswirtschaftliches System haben sich noch nie bewährt. Ich halte die Arbeitsplatzerhaltungsmaßnahmen, die in Deutschland versucht wurden, deshalb für falsch. Das mag hart klingen; dem kranken Patient tut man jedoch keinen Gefallen, wenn man ihm eine heile Welt vorgaukelt.

Produktivitätssteigerungen in unserer Industrie sind noch durch verstärkten Maschineneinsatz erreichbar. Die Montageleistungen der japanischen Auto-, Elektro- und Elektronikindustrie zeigen uns, wie man das macht. Daß europäische Unternehmen inzwischen erkannt haben, wie wichtig verstärkter Robotereinsatz in der Produktion ist, und erhebliche eigene Anstrengungen auf diesem Gebiet unternehmen, sei positiv angemerkt.

Ich glaube, es ist allgemein bekannt – oder vielleicht doch nicht –, daß sich Japaner und Amerikaner bei der Rationalisierung vom Produkt her leichter tun als unsere Unternehmen. Bei uns will man zumeist die »eierlegende Wollmilchsau«, während sich unsere wichtigsten Konkurrenten zumeist mit einem Kompromiß, einem Optimum und nicht einem Maximum, begnügen. Es läßt sich unschwer erraten, wo und warum die geplanten Entwicklungszeiten und Entwicklungskosten überschritten werden.

Japanische Unternehmen verfolgen immer die langfristige Strategie einer Marktanteilausweitung, die durch aggressive Preispolitik durchgesetzt wird. Amerikanische Unternehmen operieren nach dem Prinzip des »Trial and error« und sind von kurzfristigem Ertragsdenken geprägt. Bei beiden liegen Einführung und Aufgabe eines Produkts dicht beieinander. Bei uns dagegen hält man zu lange an soliden, vom traditionellen Qualitätsdenken geprägten Produkten fest und läuft vermehrt die Gefahr, links und rechts technologisch überholt zu werden. Selbst die Qualitätsführerschaft, die wir in der Schweizerischen und Deutschen Industrie in der Vergangenheit hatten, ist zwischenzeitlich verlorengegangen, weil insbesondere bei den Japanern – aber auch anderswo – die Produktinnovation vom Qualitätsdenken beherrscht wird. Um das gleich wieder zu relativieren: noch immer beträgt der Anteil der Bundesrepublik am Weltexport ca. 11% gegenüber dem der Japaner von ca. 7%. Wenn wir jedoch weiterhin, wie in den 70er Jahren, vor uns hinschlafen und unser Industriewachstum verteufeln, dann werden wir in den nächsten 10 Jahren hoffnungslos überholt werden.

Wir müssen uns wieder auf unsere Stärken zurückbesinnen und auf unsere erkennbaren Märkte konzentrieren. Es muß in der Breite die Einsicht wachsen, daß nicht länger Expansion das Gebot der Stunde ist, sondern die Beschränkung des öffentlichen und privaten Konsums. Investitionen zur Schaffung rentabler Arbeitsplätze für ein wachsendes Arbeitskräftepotential, zur Anpassung unserer Wirtschaft an verteuerte Rohstoffe, zur Verbesserung der internationalen Wettbewerbsfähigkeit und zur strukturellen Anpassung an die Technologien unserer Zeit, das müssen die Rezepte gegenüber dem Nachfragemangel sein. Wir müssen uns wieder einen Innovationsvorsprung erdienen und dann Gesamtmarkt und Konkurrenz angreifen, um eine Marktüberlegenheit auf breiter Front zu erreichen. Noch haben wir genügend Kraft, Anpassungs- und Konsensfähigkeit der Tarifpartner, um im internationalen Vergleich nicht weiterhin Terrain zu verlieren.

Der technische Fortschritt muß frei sein von den Ängsten vor einer industriellen Revolution. Unsere Hochlohnländer können ihren Beschäftigungsstand nur sichern, wenn sie modernste Technik anwenden, also nicht diejenige, die scheinbar die meisten Arbeitskräfte bindet. Die Angst vor einer Politik der Umverteilung zugunsten der Unternehmer, hervorgerufen durch eine langfristig angelegte Investitionsförderung, ist unbegründet: im Endergebnis profitieren alle vom Wachstum. Dem Staat bleibt es darüber hinaus unbenommen, sich die Felder für seine Investitionsförderung selektiv auszusuchen, beispielsweise in die Richtung neuer Technologien oder in die Einsparung von Rohstoffen, in den Umweltschutz oder in die alternativen Energien.

Dieser neue Aufbruch berührt unsere Gesellschaftspolitik unmittelbar. Auf lange Sicht werden die soziologischen Faktoren unserer Gesellschaft von den Erfolgen des produktiven Bereiches abhängen; nur dessen Erfolg ermöglicht überhaupt Wandel an Wertvorstellungen und Entstehen neuer sozialer Prozesse. Schon die marxistische Kritik stützte sich auf die Überproduktion des Kapitalismus. Trotzdem hat kein anderes System es verstanden, soviel Wohlstand und soviel relative Gerechtigkeit zu produzieren. Die negativen Auswirkungen dieser Gesellschaft sollen dabei nicht wegdiskutiert werden. Wir wollen nicht vergessen, daß Luft und Wasser knapper denn je geworden sind. Schließlich bestimmt die relative Knappheit oder der Mangel, wie billig oder wie teuer eine Ware ist. Wie Professor Steinbuch glaube jedoch auch ich nicht an den »Hans im Glück«, der sich seinen Goldklumpen für einen Wetzstein abschwätzen läßt. »Mittlere Technologie« und »sanfte Energie« können unseren Wohlstand nicht sichern. Steinbuch schreibt, und ich kann ihm hier folgen, unsere noch günstige Situation vorwiegend den Leistungen früherer Generationen zu, deren Erbe wir leichtfertig vertun. Die Einführungsdiskussion um das Kabelfernsehen in der Bundesrepublik ist für ihn Beispiel einer nicht mehr zu überbietenden Verkrampfung unserer Gesellschaft. Die Tatsache, daß heute die deutsche Matura, das Abitur, in manchen anderen Ländern nicht mehr anerkannt wird, ist ein Beispiel für die Degeneration des deutschen Bildungssystems.

In unserer Anspruchsgesellschaft und unserer Leistungsverweigerungsgesellschaft wird nicht aus Zwang, sondern ganz freiwillig und freudig Jahr um Jahr von der überwiegenden Mehrheit weniger gearbeitet, vor allen Dingen dann, wenn voller Lohnausgleich garantiert wird. Immer weniger Menschen müssen mehr arbeiten, damit immer mehr Menschen immer weniger zu arbeiten brauchen, das scheint die Grundlinie zu sein. Davon kommen wir nur dann wieder herunter, wenn die Bereitschaft zur Leistung und der Gedanke des Dienens in der Breite Platz greift, wenn sich die Erkenntnis durchsetzt, daß nur Leistung unseren Wohlstand halten und vermehren kann. Wir wissen heute, daß auch der Optimismus in der Bevölkerung sich zyklisch verändert, ähnlich den Konjunkturzyklen. Entgegen der naheliegenden Annahme haben Untersuchungen jedoch gezeigt, daß nicht der Optimismus dem Wachstum, sondern daß das Wachstum dem Optimismus folgt. Es ist die Herausforderung unserer Zeit, daß Fleiß, Leistung und Askese wieder zur Maxime unserer Volkswirtschaft werden.

Zusammenfassend meine ich, daß uns in Mitteleuropa die konzentrierten und gezielten Anstrengungen auf den folgenden Gebieten aus der Krise herausführen:

– Es muß mehr und gezielt in Forschung und Entwicklung für Produkte und Verfahren investiert werden.

– Die Produktivität von Personal, Materialeinsatz und Sachkapital muß erhöht werden.

– Die Unternehmen müssen sich wieder auf erfolgversprechende ertragsstarke Arbeitsgebiete konzentrieren und der Zersplitterung in zu viele Teilmärkte wirksam begegnen.

– Inländische Produktion und weltweiter Export müssen kombiniert werden, um weltweite Industrie zu entwickeln.

– Der Ausbau des europäischen Marktes als Heimatmarkt hat Vorrang vor anderen.

– In unseren Unternehmen müssen die Instrumente des Technologiemanagements und das Denken in technologischen Dimensionen dauerhaft verankert werden.

– Die Naturwissenschaften müssen in unseren Ausbildungssystemen wieder ihren hohen Stellenwert zurückbekommen.

– Wir alle sind aufgerufen, Wege zu finden, wie der Technikfeindlichkeit begegnet werden kann.

– Wir müssen uns rückbesinnen auf unsere Individualität, auf unsere gestalterischen Fähigkeiten und auf unsere Stärken.

Dies sind meine Antworten als Unternehmer zur Frage, »müssen wir morgen mehr oder weniger arbeiten«. Je mehr wir davon abweichen, um so brüchiger wird das soziale Netz. Setzen wir gar den Produktivitätszuwachs ein, um global die Arbeitszeit zu verkürzen, dann setzen wir selbst das Erreichte leichtfertig aufs Spiel.

Carl Friedrich von Weizsäcker hat einmal gesagt: »Unser System funktioniert nur, wenn es wächst, wie ein Fahrrad, das fährt, aber umkippt, wenn es steht.« Wachstum heißt aber für alle am Wirtschaftsprozeß Beteiligten: Mehr Arbeit.

Thesen

1. Ohne Wachstum keine Vollbeschäftigung.
2. Wachstum braucht den technischen Fortschritt, aber auch Ertragskraft und gestärktes Eigenkapital.
3. »Sanfte Energie« und »mittlere Technik« reichen nicht für technischen Fortschritt.
4. Die Naturwissenschaften müssen ihren hohen Stellenwert in allen Bereichen zurückgewinnen.
5. Ein Bildungssystem ohne Bekenntnis zur Leistung ist unzulässig.
6. Investitionen ohne Kapazitätseffekte sind wertlos.
7. Ohne aktive Produktivbereiche keine Dienstleistungsgesellschaft.
8. Erst Produktivitätssteigerungen ermöglichen Arbeitszeitverkürzungen.

Diskussion

(Teilnehmer: Dr. Heik Afheldt, Prof. Dr. Ralf Dahrendorf, Georg H. Endress, Prof. Dr. Hansjürg Mey, Dr. Meyer, Dr. Peter G. Rogge, Dr. Heimfrid Wolff und andere).

Weitere Aspekte zur Zukunft der Arbeitswelt

Dr. Afheldt:

Wir haben außerordentlich interessante Thesen gehört, aus sehr unterschiedlichen – so war es ja auch beabsichtigt – Sichten. Drei Wahrheiten, könnte man sagen, die zunächst in wesentlichen Teilen zusammenzupassen scheinen, aber in wesentlichen wiederum auch nicht. Herr Rogge hat das schlagwortartig sehr gut zusammengefaßt: Herr Dahrendorf hat sich für ein *Anders*arbeiten ausgesprochen; Herr Endress für ein *Mehr*arbeiten und Herr Mey für ein *Weniger* an Arbeit.

Nun, dahinter stecken ja nicht nur persönliche Vorlieben für das eine oder andere, sondern auch Sichten, wie es weitergeht und ich denke, daß wir beginnen sollten mit der Frage: ist es eigentlich möglich, das vorhandene Beschäftigungssystem in Ländern wie der Schweiz oder der Bundesrepublik auf der heutigen Straße wieder ins Gleichgewicht zu bringen?

Das wäre eher die Position von Herrn Endress, der gesagt hat, »mehr arbeiten«. Wir müßten im Grunde genommen nur wieder die Möglichkeiten zur Innovation, zum unternehmerischen Handeln verbessern, wir müßten wettbewerbsfähiger werden, dann wird auch das Beschäftigungsproblem beseitigt. Ohne Wachstum keine Vollbeschäftigung – ist eine seiner Thesen.

Oder auch in die gleiche Richtung, eigentlich auf dem heutigen Pfad weitergehend, die Thesen von Herrn Mey, der sagt: laßt uns nur den technischen Fortschritt ordentlich nutzen, dann haben wir eine Situation vor uns, in der wir sicherlich weniger arbeiten müßten, aber in einer solchen Situation wäre auch im wesentlichen das Beschäftigungsproblem lösbar.

Und wir haben schließlich ein Bild von Professor Dahrendorf: »Das Reich der Freiheit« oder »Das Land des Lächelns«, in dem wir das Einkommenerzielen ablösen können vom Tätigsein, um es auf eine einfache Formel zu bringen.

Das sind recht unterschiedliche Visionen über die weitere Entwicklung, und mich würde interessieren – vielleicht mit einer Frage an Herrn Dahrendorf beginnend: wie kann man denn Ihr Leitbild realisieren?

Prof. Dahrendorf:

Das ist leichter getan, als die andere Frage zu beantworten, die Sie gestellt haben, nämlich die über das gegenwärtige Beschäftigungssystem. Ich habe nicht gesagt, daß man das Tätigsein abkoppeln soll vom Einkommenerzielen; ich habe die Frage gestellt, ob wir auch in Zukunft das Einkommen ausschließlich auf die Berufsarbeit beziehen können. Aber ich habe dann in entschiedenem Gegensatz zu Marx argumentiert, daß im Gegenteil eine der großen Aufgaben darin liegt, wie ich es vielleicht etwas emphatisch ausgedrückt habe, Tätigkeit in die Welt der Arbeit hineinzutreiben, d.h. also, klarzulegen, daß Arbeit nicht »Welt der Notwendigkeit« sein muß.

Ich würde gerne noch auf Ihre Frage zurückkommen,

wohin uns denn das gegenwärtige System führen kann. Ich möchte dabei, vielleicht in einem gewissen Gegensatz zu Herrn Endress, doch zwei Fragen anschließen.

In der angebotsorientierten Wirtschaftspolitik stecken zwei Annahmen, die bei mir gewaltige Fragezeichen hinterlassen. Die erste Annahme ist, daß durch ein neues Klima für Investitionen, das teils durch reale Maßnahmen wie Steuererleichterungen oder Haushaltskürzungen herbeigeführt wird, teils vielleicht auch durch Einstellungen, die kundgetan werden, Wachstum hervorgerufen werden kann. Das schließt nach meiner Meinung Annahmen über Wachstum ein, die sehr interessant sind, aber die ich nicht unbedingt teile. Es würde mich interessieren, wie sich das verhält zu der Tatsache, daß ja die Kosten des Wachstums, wie Sie übrigens sehr klar dargelegt haben, sehr hoch geworden sind. Sehr hoch geworden sind nicht nur die sozialen Kosten, sondern auch die technologischen, vor allem die Arbeitskosten.

Und es beantwortet auch eigentlich die Frage nicht, wie die Schwierigkeit, neue Märkte zu eröffnen, die wir alle in den letzten Jahren erfahren haben und die sich heute vielleicht am deutlichsten anhand der Bankenproblematik ausdrückt, überwunden werden kann. Ich bin also noch nicht sicher, daß es da Maßnahmen oder auch nur Haltungen gibt, die zu Wachstum führen.

Aber noch viel mehr Zweifel habe ich an der zweiten Gleichung, die im Lambsdorff-Papier enthalten ist, nämlich an der Gleichung zwischen Wachstum und Beschäftigung. Also an der Vorstellung, wenn es gelingt, Wachstumsmotivationen zu erwecken und eine gewisse Wachstumssteigerung, daß man dann gleichsam automatisch damit das Beschäftigungsproblem löst. Sie haben gesagt, wir Unternehmer haben das Ziel, Beschäftigung zu schaffen. Ich glaube das nicht. Ich glaube nicht, daß das ein sinnvolles unternehmerisches Ziel ist. Ich glaube, das ist eine Wirkung unternehmerischer Tätigkeit und vielleicht, wo es erfolgreiche unternehmerische Tätigkeit gibt, ist diese Wirkung besonders ausgeprägt. Aber ein Ziel ist es eigentlich nicht. Im Gegenteil würde ich vermuten, daß es sehr viele Unternehmen gibt, ganz abgesehen von den Organisationen und Verwaltungseinrichtungen, in denen die gleiche Leistung mit sehr viel weniger Arbeitskräften erbracht werden kann und daher eine höhere Leistung ohne eine wesentliche Erhöhung der Arbeitskräfte möglich ist.

Ich habe also meine Zweifel an den beiden impliziten Gleichungen der angebotsorientierten Wirtschaftspolitik, der ersten, daß bestimmte Maßnahmen zu Wachstum führen und der zweiten, daß Wachstum zu höherer Beschäftigung führt. Und diese Zweifel sind für mich einer der Gründe, warum ich darüber nachgedacht habe, ob es nicht andere Wege gibt, und ob wir nicht an andere Wege denken müssen.

Endress:

Lassen Sie mich als Pragmatiker antworten. Es gibt ein praktisches Beispiel, daß Angebotsorientierung in der Wirtschaft funktioniert, und das ist, glaube ich, Japan. Herr Prof. Dahrendorf, Sie haben wohl vor allem auf die Situationen in Europa abgehoben, die eine Mischung aus Sozialstaat, Arbeitsunwilligkeit, mangelnder Kreativität usw. ist. Ich glaube, wenn wir nach Japan sehen – und wir haben eine Firma in Japan, ich weiß, wie sie funktioniert – dann zeigt sich doch, daß, obwohl dort die Beschäftigung etwas zurückgegangen ist, noch Wachstumsraten da sind, die die Größenordnung zwischen vier und sechs Prozent erreichen; Wachstumsraten, die wir in Europa uns nur vorstellen können. Sehen Sie den Fall AEG an, die bieten heute noch Küchenmaschinen, Eisschränke, Tiefkühltruhen an, die einfach vom Markt in dieser Form und dieser Quantität nicht mehr gewollt oder gefordert werden. Schauen Sie die

Japaner an mit ihrer Konvergenztheorie. Die verkaufen uns Videorecorder, aber das Videorecordergeschäft ist im Auslaufen. So sind sie sofort auf Neues gesprungen. Jetzt sind es Videokameras. Und jetzt drehe ich das ein bißchen auf den Kopf, was ich heute morgen gesagt habe. Schauen wir in die Vergangenheit: Es ist uns eigentlich bisher in der menschlichen Geschichte immer wieder gelungen, die Dinge ins Lot zu bringen. Herr Professor Mey hat die Maschinenstürmer erwähnt, die haben ja seinerzeit auch geglaubt, jetzt geht es um ihre Arbeitsplätze, jetzt gibt es für uns nichts mehr zu tun; und fünfzig Jahre später hat niemand mehr darüber geredet. Ich bin der Meinung, wenn in der Wirtschaft die Angebotsorientierung richtig betrieben wird, daß dann an Arbeit kein Mangel besteht. Ich möchte deutlich sagen, daß die heutige Arbeitslosigkeit ganz bestimmte Gründe hat; sie liegen sicherlich in Strukturfehlern, die wir im wesentlichen in Europa gemacht haben, teilweise auch in Amerika. Aber in USA liegen die Dinge sehr viel besser. Ich bin der Meinung, daß die Wirtschaft in den USA trotz teilweiser Überalterung diese Schwierigkeiten mit einem gewissen Pioniergeist überwinden wird.

Ich möchte jetzt auf die zweite Frage zurückkommen. Ich habe gesagt, daß es nicht das Ziel unternehmerischen Tuns sein kann, Arbeitsplätze zu vernichten. Ich bin mit Ihnen der Meinung, das erste, was wir als Unternehmer zu tun haben, ist, ein Produkt konkurrenzfähig auf den Markt zu bringen. Es muß die entsprechende Qualität haben, und es muß vom Markt gefordert werden. Erst als Resultante wird das Produkt Arbeitsplätze schaffen.

Dr. Afheldt:

Die Frage, die Herr Dahrendorf indirekt an Sie gestellt hat, Herr Endress, ist die: wenn wir die Hemmnisse, die Sie in Ihrem Referat dargestellt haben, abbauen, verändert sich dann die demographische Situation, können wir über freie unternehmerische Tätigkeit ausreichend Beschäftigungsvolumen finden? Wir müßten dann das Problem der Reduzierung der Arbeitszeit insgesamt gar nicht mehr diskutieren. Sie meinten ja, daß wir mit einem neuen Wachstumsschub diese quantitativen Probleme nicht mehr haben würden. Wenn wir nach Japan schauen, stellen wir dort Vollbeschäftigung und Wachstum fest, weil die Japaner mit ihren innovativeren Lösungen auf unseren Märkten so viel Erfolg gehabt haben. Hätten wir die gleichen Erfolge gehabt, wären unsere Marktanteile zwar höher gewesen, aber die Frage ist, was wir insgesamt in beiden Ländern an Beschäftigungseffekt daraus erzielt hätten. Also der Tatbestand, daß Japan bis vor kurzem Vollbeschäftigung hatte, hängt damit zusammen, daß Japan einen relativen Wettbewerbsvorteil hatte. Wenn wir diesen Wettbewerbsvorteil ausgeglichen hätten, hätte Japan ja auch keinen Beschäftigungsvorteil gehabt.

Herr Wolff, vielleicht sollten Sie, der Sie Japan im Moment besonders stark unter die Lupe nehmen, dazu etwas sagen.

Dr. Wolff:

Die Diskussion bringt mich ein bißchen in Schwierigkeiten. Auf der einen Seite möchte ich der sehr positiven Version Japan etwas widersprechen. Die japanische Wirtschaftskommission (Economic Agency) hat in der Vergangenheit ja einige Erfahrung darin, ihre Wachstumsrate nach unten zu revidieren. Wer das japanische System kennt, weiß: Wenn die zentralen Arbeitgeberverbände eine um etwa 0,5 % geringere Wachstumsrate veröffentlichen als die offizielle staatliche, dann erwartet man offensichtlich in der unternehmerischen Wirtschaft sehr viel größere Differenzen, als man nach außen hin sagt.

Auf der anderen Seite sehe ich in Japan erhebliche Vorteile im Bereich der neuen Technologien, vor allem darin, daß die Japaner aufgrund ihrer Herkunft und ihrer Art zu arbeiten etwas geschafft haben, an dem wir in unseren Unternehmen immer noch sehr knabbern, nämlich die Tatsache, daß dort ein Ingenieur mit einem Ökonom ohne Problem reden kann, während bei uns die Produktionsabteilung nach Möglichkeit mit der Marketingabteilung nicht so gerne redet. Und wenn die Marketingabteilung auch noch mit der Forschungsabteilung unmittelbar kommunizieren soll, wird es schwer. Die Japaner haben zwar in vielen Fällen einen sehr viel längeren Vorlauf, aber sie setzen ihn besser in die Praxis um. Die Kommunikation, das Denken in anderen Zeiträumen, von den Märkten her, spielt eine ganze große Rolle. Es kommt noch ein zweiter Punkt hinzu. Der Japaner denkt zuerst einmal vom Problem her, vom Markt her. Er sagt nicht, ich muß ein Produkt haben, das von allererster Qualität ist, und bei mir zu Hause hervorragend funktioniert. Er denkt vielmehr in Qualitäten für den Markt und für den Kunden. Das ist sein großer Vorteil.

Dr. Afheldt:

Herr Wolff, die Frage ist die: ist Wachstum machbar, ist Wachstum in einem Ausmaß machbar, daß das Beschäftigungsproblem auf absehbare Zeit beseitigt wird, wenn wir in etwa von der heutigen Arbeits- und Beschäftigungsstruktur ausgehen. Gibt es da nicht diesen Konflikt: Wachstum setzt Produktivitätssteigerung voraus, Produktivitätssteigerung setzt Arbeitsplätze frei. Das wäre die Nichtgleichung von Herrn Dahrendorf: Wachstum zwar nötig und auch von ihm befürwortet, aber es löst das Beschäftigungsproblem nicht.

Prof. Mey:

Feststellung Nummer eins: Der Begriff Wachstum selber ist sehr kontrovers, und zwar ist er angesehen worden in den letzten Jahren vom Volumen her. Man hat Wachstum – wahrscheinlich in unzulässiger Art und Weise – mit Belastung der Umwelt gleichgesetzt. Wirtschaftswachstum an sich ist nicht notwendigerweise mit Umweltbelastung verbunden. Sie müssen unterscheiden zwischen einem inneren Wachstum und einem äußeren. Einem inneren, das man von außen nicht merkt.

Um auf die Informationstechnologie zurückzukommen: Fast alles, was Sie dort als Wachstum feststellen, ist so eine Art inneres Wachstum. Und ich darf darauf hinweisen, alle Branchen, die mit Informationstechnologie zu tun haben, Computerbranche, Fernmeldebranche, sind jene mit den größten Wachstumsraten. Da gibt es nach wie vor heute phantastische Zahlen von 25 Prozent im Mittel pro Jahr Wirtschaftswachstum, und doch merken Sie nichts davon, in dem Sinn, wie ich es vorhin gesagt habe.

Punkt zwei: Es ist absolut unbestritten, daß der Produktivitätsfortschritt verbunden ist mit technischen und technologischen Verfahrensverbesserungen. Ich möchte behaupten, die Auswertung und Ausnützung der Informationstechnologien im weitesten Sinn des Wortes die zur Zeit letzte große Rationalisierungskomponente ist, die wir überhaupt zur Verfügung haben.

Nun zu dem scheinbaren Widerspruch zwischen der Aussage »wir müssen mehr arbeiten« oder »wir werden weniger arbeiten müssen« zur Aufrechterhaltung des Lebensstandards. Ich möchte nur einen Satz dazu sagen: Ich glaube, daß das, was wir an Rationalisierung oder Produktivitätssteigerung von unserer Industrie erwarten, hat unsere Wirtschaft oder unser Gesellschaftssystem zur Zeit bereits vorgezogen. Und das ist das tiefere Problem. Denn die Verpflichtungen, die wir in den sechziger Jahren eingegangen sind, in punkto Sozialwerke, Lebenserwartung, lebenserhaltende Maßnahmen usw., all diese großen Verpflichtungen, die müssen heute honoriert werden und ich möchte behaupten, daß wir das Rationalisierungspotential, das uns die modernen Technologien bescheren, brauchen, nur um die alten Verpflichtungen abzubauen und damit löst sich eben der Widerspruch auf. Meiner Ansicht nach geht es jetzt noch eine halbe Generation, bis die alten Verpflichtungen abgelöst sind, und dann erst können wir wieder darüber sprechen, wie weit wir die übliche Ausschöpfung von Rationalisierungsmaßnahmen ausweiten wollen.

Dr. Afheldt:

Und in dieser halben Generation ist das Arbeitsvolumen insgesamt in etwa so wie heute?

Prof. Mey:

Ich würde behaupten, ja, das Arbeitsvolumen wäre vorhanden und wenn wir es nicht ausschöpfen, dann geht unsere Wirtschaft eben den Krebsgang.

Dr. Rogge:

Herr Dahrendorf hat einleitend gesagt, die Konzeption der angebotsorientierten Wirtschaft beruhe auf zwei Annahmen. Erste Annahme: bei richtigen Rahmenbedingungen resultiert Wachstum. Zweite Annahme: Wachstum sei Beschäftigung.

Herr Dahrendorf hat diese zwei Annahmen kritisiert und gesagt, diese Annahmen treffen offensichtlich nicht zu. Infolgedessen müßten wir, wenn ich richtig verstanden habe, in bezug auf die Beschäftigungsentwicklung zu einer verhältnismäßig pessimistischen Prognose kommen, es sei denn, wir ließen uns andere Formen der Beschäftigung, der Tätigkeit, wie er gesagt hat, einfallen. Das ist eine These, die in der Nationalökonomie durchaus verbreitet ist und nicht zuletzt die PROGNOS und ich selber haben diese These sehr geteilt.

Wir alle machen uns Gedanken darüber, daß das Wachstum zu gering sei und wir infolgedessen mit Arbeitslosigkeit konfrontiert werden. Herr Wolff hat heute morgen darauf hingewiesen, welche Zuwachsraten des Sozialproduktes notwendig wären, damit die Arbeitslosigkeit nicht weiter steigt. Es sind Zuwachsraten nötig, die über sechs Prozent pro Jahr liegen müssen, damit wir überhaupt die Arbeitslosigkeit in absehbarer Zeit deutlich senken können.

Hier möchte ich nun eine ganz deutliche Gegenthese aufstellen. Mir scheint, wir laufen alle miteinander auf dem falschen Wege, wenn wir vom Wachstum die Lösung unserer Beschäftigungsprobleme erhoffen, bzw. umgekehrt, wenn wir das mangelnde Wachstum als die Ursache der Arbeitslosigkeit ansehen. Das ist mit Sicherheit der falsche Ansatz.

Wo liegt ein möglicherweise richtiger Ansatz? Daß wir kein Wachstum haben, daß wir infolgedessen keine neuen Arbeitsplätze schaffen, oder sogar Arbeitsplätze verlieren, liegt unter anderem daran, daß wir mit einer geradezu stiernackigen Beharrlichkeit in den westeuropäischen Ländern in bestimmten Industriezweigen fortfahren, mit bestimmten Technologien bestimmte Produkte herzustellen, von denen alle von uns schon zu viele in ihrer Wohnung stehen haben. Oder anders ausgedrückt: Wenn diese Industriezweige, in denen nun weiß Gott kein Wachstum mehr nötig ist, und deshalb auch (bei uns) nicht möglich ist (wir sprechen von den hochindustrialisierten Ländern, die Probleme der Dritten Welt sind andere), wenn diese Industriezweige ersetzt werden würden und ersetzt werden könnten durch Industriezweige, die mit den Technologien von morgen die Bedürfnisse von morgen befriedigen, dann würden wir alle miteinander nicht nur genügend Arbeit, sondern auch genügend anregende Tätigkeiten haben. Für mich steckt das gesamte Problem der Unterbeschäftigung, der Arbeitslosigkeit in den Rigiditäten, in den Verhärtungen, die uns hindern, das Althergebrachte abzuschreiben und etwas Neues zu tun. Denn überall dort, wo das geschieht, sind die Arbeitsmarktprobleme lösbar und sind klein. Nehmen Sie etwa das naheliegende Beispiel der Schweiz: Fünf Kilometer von hier mußte vor einigen Jahren eine Fabrikation geschlossen werden. Wenn dieser Betrieb vor einigen Jahren mit öffentlichen Mitteln subventioniert worden wäre, würde diese Fabrikation dort heute noch betrieben werden und es wären heute noch diese unglückseligen vierhundert Arbeitskräfte dort am Wirken, würden weder Wachstum erzeugen, noch hätten sie Beschäftigungsaussichten, sondern sie hätten alle miteinander Angst um ihre Arbeitsplätze, und die wäre auch gerechtfertigt. Und Angst müßten auch alle übrigen haben, die mit ihren Steuern diese Arbeitsplätze subventioniert und damit Mittel einer anderen investiven Verwendung entzogen hätten, mit der neue, zukunftssichere Arbeitsplätze geschaffen werden könnten. Was geschah? – es sei den Gästen von außerhalb kurz erzählt – Mangels öffentlicher Mittel – die Kantonsregierung hätte es gern getan – kam eine Subventionierung dieser Arbeitsplätze nicht zustande; die Fabrik ist geschlossen worden. Die Arbeitsplätze sind entfallen. Aber das sind nicht Arbeitslose geworden, sondern diese Arbeitskräfte aus dieser Firma – ich nehme diese Firma nur als Beispiel – sind in der Folge umgesetzt worden in zukunftsträchtige Beschäftigungen, in denen eine neue Arbeitsplatzsicherheit gegeben ist.

Worauf ich hinaus will, ist dieses: Das Problem, über das wir heute diskutieren, ist nicht verursacht durch mangelndes Wachstum, und keiner von uns darf und kann hoffen, daß eine Beschleunigung des Wachstums uns dieses Problem morgen abnehmen wird. Der einzige Weg, der zu beschreiten ist, und das ist zugleich auch eine zutiefst menschliche Herausforderung, ist der Weg, auf dem das Althergebrachte überwunden wird, das Neue, das Zukunftsträchtige durchgesetzt wird. Und da stecken natürlich die Schwierigkeiten, denn da steckt der Teufel im Detail. Mit wievielen Rigiditäten haben wir uns denn selbst belastet. Wir sind nicht lokalmobil. Wir sind nicht zwischen den Berufen mobil. Wir sind in den Firmen nicht bereit, die Arbeitszeit zu variieren. Wir sind nicht bereit, die Ausbildungsgänge zu variieren. Jeder hält sich in Europa krampfhaft an dem fest, was er einmal erreicht hat, was vor zehn Jahren ihm einmal zum Erfolg verholfen hatte und was uns allen damals das Wachstum eingebracht hat. Worauf ging das Wachstum in Europa zurück, vor zehn oder vor fünfzehn oder vor zwanzig Jahren? Es ging darauf zurück, daß das Althergebrachte mit Gewalt und mit Blut und Tränen umgestürzt worden ist; und heute haben wir den Mut zum Handeln verloren. Das ist für mich die Problematik.

Dr. Afheldt:

Ich glaube, daß das eine außerordentlich wichtige Position gewesen ist, die Herr Rogge eben dargestellt hat. Wir können nicht erwarten, daß wir die Arbeitslosigkeit über Wachstum beseitigen, sondern er hat umgekehrt argumentiert und gesagt, wir müssen uns zunächst mit der Frage von neuen Wachstumsfeldern befassen, müssen sehen, welche wirklich langfristig interessanten Bedürfnisse noch zu dekken sind. Mit alten Hüten kann man kein Wachstum fabrizieren. Wenn ich das richtig verstanden habe, steht am Ende dieser Überlegung dann doch wieder, daß man insgesamt einen positiven Wachstumsaspekt haben würde, wenn auch nicht die Arbeitslosigkeit insgesamt beseitigen würde.

Dr. Rogge:

Einen einzigen Satz dazu: Es muß dann nicht unbedingt Wachstum resultieren, sondern das Sozialprodukt wird sich einfach anders zusammensetzen.

Dr. Afheldt:

Das ist eine Frage, die ich jetzt an Herrn Meyer weitergeben möchte: Sieht er denn, und wenn ja, wo, diese neuen Bedürfnisse? Herr Rogge hat gesagt, wenn wir diese neuen Bedürfnisse und damit neue Produkte entwickelt haben, dann haben wir auch genug zu arbeiten. Was verstehen wir unter genug? Reicht es für alle von uns? Wieviel arbeiten wir dann? Müssen die Alten früher aufhören? Oder dürfen die Jungen erst später anfangen? Herr Meyer – ein Bündel von Fragen.

Dr. Meyer:

Ich bin mit Herrn Rogge in den Grundzügen einig. Hingegen, wenn Sie mir die Frage stellen, wo haben wir Wachstum, wo haben wir die Ansätze? Zur Zeit hauptsächlich bei den Verfahren, bei den Rationalisierungen. Dort ist der Strukturwandel am stärksten. Die Frage lautet nicht mehr in erster Linie »was produziere ich«, sondern »wie produziere ich es«. Und da bedienen wir uns ja weitgehend der neuen Technik, der Informatik, der Computertechnik und hier sehe ich einen Strukturwandel auf uns zukommen, der in den bisherigen Referaten zu wenig angesprochen wurde. Es handelt sich um die Beziehung zwischen Computer und Mensch. Sie führt zu einer neuen Einteilung der Menschheit, nämlich in eine Gruppe, die es versteht, die intelligent genug ist, mit diesem Computer zusammenzuarbeiten. Es wird eine andere Gruppe geben, die nicht darauf angewiesen ist, mit dem Computer zusammenzuarbeiten, die also eine spezifische Intelligenz aufweist, die eben nicht Computerintelligenz ist. Herr Mey hat ja ein paar Andeutungen darüber gemacht. Und es wird eine erschreckend große Gruppe von Leuten geben, die im modernen Arbeitsprozeß nicht mehr verwendet werden können, weil sie nicht fähig sind, mit dem Computer zu arbeiten.

Ich sehe die größte Gefahr darin, daß die Technik sich von den menschlichen Fähigkeiten, von der Zusammensetzung nach der berühmten Gauß'chen Kurve der menschlichen Intelligenz, entfernt, so daß eine steigende Anzahl von Menschen einfach strukturell arbeitslos sein werden und nicht mehr in den Arbeitsprozeß eingegliedert werden können. Herr Professor Dahrendorf, Sie haben ja gesagt, in Amerika rechnet man mit etwa 15 Prozent der Bevölkerung, die dann arbeitslos sind, zu allen anderen, die es schon aus anderen Gründen sind. Ich finde, das Hauptproblem wäre, sich Gedanken zu machen, was macht man mit diesen Menschen und zu welchen Problemen führt denn das, zu welchen sozialen Problemen, zu welchen politischen Problemen. Besteht nicht die Gefahr, daß überhaupt gegen unsere ganze technische Entwicklung eine revolutionäre Gegenbewegung aufkommt, die mit den Maschinenstürmereien zu vergleichen wäre?

Prof. Dahrendorf:

Wenn wir nur über Wachstum sprechen, würde ich es leicht finden, Herrn Rogge zuzustimmen. Denn was er beschrieben hat, ist im Grunde der notwendige Prozeß der Anpassung, und die Tatsache, daß sich manche Länder in der entwickelten Welt eigentümlich unfähig gezeigt haben, diesen Prozeß der Anpassung in einer Weise vorzunehmen, in der er hätte frühzeitig vorgenommen werden müssen.

Dazu gehört teils die Innovation und die Einstellung zur Innovation, die Herr Mey heute früh geschildert hat. Dazu gehören ganz sicher die Einstellungen von Menschen und die Bereitschaft zur Mobilität und dergleichen mehr. Dazu gehören eine ganze Menge Rigiditäten, die sozial sind, die mit Gewerkschaften zusammenhängen etc. etc.

Aber wir sprechen ja nicht nur von Wachstum. Und wenn ich den ersten Satz von Herrn Rogge ernst nehme, nämlich, daß Wachstum und Beschäftigung nicht so direkt zusammenhängen wie manche das behaupten, dann muß man jetzt den weiteren Schritt tun und sagen: wie steht es dann mit der Beschäftigung? Jedenfalls in unserem Zusammenhang. Und da gilt doch wohl, daß einer der sehr großen Faktoren bei der Reduktion von Beschäftigungsmöglichkeiten in den letzten Jahrzehnten die Reallöhne sind. Wir erleben ein eigentümliches Paradox, daß etwas, was viele von uns gewollt haben, nämlich eine wesentliche Erhöhung der Reallöhne und damit eine wesentliche Erhöhung der Lebenschancen von Menschen, nun auf einmal umschlagen kann in ganz andersartige Entwicklungen, nämlich in die Tatsache, daß menschliche Arbeit zu teuer geworden ist, um sie an vielen Punkten einzusetzen.

Hier möchte ich gerne etwas sagen über das Verhältnis von Technik und menschlicher Arbeit, so wie ich es sehe. Ich will es einmal bewußt überzeichnen, in der Hoffnung, daß Herr Mey und andere mich da korrigieren. Grundsätzlich bin ich der Meinung, daß zwar nicht der Innovationsprozeß selbst, aber die Anwendung von Technik eine Funktion der Kosten ist. Das heißt, so lange menschliche Arbeit billiger ist, ist es ganz gleichglültig, ob technische Prozesse verfügbar sind, die man auch verwenden könnte. Menschliche Arbeit wird dann ersetzt, wenn die technischen Prozesse billiger sind. Die Anwendung neuer technischer Prozesse ist nach meiner Meinung ein Resultat der steigenden Reallöhne. Vieles von der Anwendung der technischen Prozesse, das hier besprochen wurde, betrachte ich als Funktion der hohen Reallöhne und insofern möchte ich behaupten, daß alle diese Prozesse eben nicht zu neuen Beschäftigungsmöglichkeiten führen werden. Daß also dieses Verhältnis von Technik und Arbeit ungelöst bleiben wird wegen des Erfolges der großen Auseinandersetzungen während des letzten Jahrhunderts für die Reallöhne der Beschäftigten. Und aus diesem Grunde bin ich der Meinung, daß sich in den entwikkelten Ländern eine wachsende Zahl von Menschen finden wird, die überhaupt keinen Platz mehr hat in der Beschäftigungswelt. Sie fällt durch das Sieb der offiziellen Arbeitsgesellschaft insgesamt hindurch und sie wird zu dem, was die Amerikaner »Underclass« nennen. Und das ist nicht eine Unterschicht, sondern das ist eine Schicht unterhalb aller Schichten, wenn man das so ausdrücken darf. Das heißt, es ist eine Gruppe von Menschen – vielleicht hätte man sie früher Lumpenproletariat genannt – eine Vielzahl von Menschen, die im offiziellen System einer hochentwickelten und im Grunde reichen Gesellschaft, wie wir sie in den meisten OECD-Ländern haben, keinen rechten Platz mehr hat. Diese Zahl wird von vielen in den Vereinigten Staaten heute mit fünfzehn Prozent angegeben. Und in Großbritannien liegt sie wohl sicher zwischen fünf und zehn Prozent. In der Schweiz liegt sie sicher unter einem Prozent. Aber das bedeutet nicht, daß das eine unwichtige Gruppierung wäre.

Diese Unterschicht, wenn es denn stimmt, daß sie eines der vielen Resultate der Entwicklung ist, die wir hier besprechen, ist nicht ein politisches Problem. Das ist keine revolutionäre Gruppe, das »Lumpenproletariat« ist nie eine solche gewesen. Jedenfalls kein direktes politisches Problem. Aber sie ist ein Problem, ich sage das mal als Liberaler mit aller gebotenen Zurückhaltung und doch Klarheit, sie ist das Problem von law and order. Das heißt, es ist genau diese Gruppe von Menschen, die einfach außerhalb der Regeln zu stehen scheint, die sonst gesellschaftlich anerkannt werden. Und wenn dann noch hinzukommt, daß dies alles junge Menschen sind und dann möglicherweise noch, daß das alles junge Schwarze sind, dann hat man die Resultate, die man aus den großen Städten der Vereinigten Staaten oder Großbritanniens heute kennt. Das ist eines der vielen Resultate dieser Reallohnentwicklung.

Dr. Afheldt:

Ich glaube, die These ist klar und ich möchte sie gleich an Herrn Mey weitergeben. Die Frage, läuft die Technik tatsächlich in diese Richtung, daß sie von einer relativ großen Gruppe gar nicht mehr mitgemacht werden kann – das ist die eine These und die andere war die Frage: Anwendung der Technik als Funktion der hohen Reallöhne, oder gibt es andere Motive zur Anwendung der Technik?

Prof. Mey:

Ich möchte dieser These ganz vehement widersprechen, daß die Einführung der neuen Techniken zu einer Proletarisierung führt oder zu einem Unvermögen für weite Bevölkerungsschichten. Das ist nur richtig oder scheinbar richtig, im Moment in bezug auf diese unreife Situation, wie wir sie haben. Und wir haben das schon x-mal im Laufe der technischen Entwicklung erlebt, daß eine Technik am Anfang untransparent gewesen ist. Doch man hat sie allmählich verstehen gelernt und man hat Vertrauen gefaßt in diese Technik. Wenn man heute von Überqualifizierung spricht, im Umgang mit Computern z. B., wird das nicht bezogen auf die enormen Anstrengungen, die unternommen werden, um diese Hilfsmittel leicht bedienbar zu machen? Ich möchte behaupten, Computerhilfsmittel zu benützen, ist nicht schwieriger als eine Nähmaschine zu bedienen.

Ich möchte in einem weiteren Punkt widersprechen und zwar, daß automatisch dadurch die Jugend benachteiligt ist;

das Gegenteil ist der Fall. Man muß einmal gesehen haben, wie junge Leute umgehen mit den neuen Hilfsmitteln.

Wenn heute Jugendliche und junge Schwarze keine Arbeit haben, ist das nicht die Folge der technologischen Fortschritte. Man muß einfach einmal gesehen haben, wie sich gerade junge Menschen leichttun im Umgang mit den neuen Hilfsmitteln. Wir alle hier, wir lernen nicht mehr so schnell schwimmen, daß wir einen Weltrekord gewinnen könnten, das macht man zwischen sechzehn und siebzehn, Weltrekord schwimmen. Und wir alle hier lernen auch nicht mehr so behende programmieren wie die Jungen. Das macht man zwischen sechzehn und fünfundzwanzig, und dann ist es vorbei. Das lerne ich auch nie mehr so gut wie meine Studenten. Das muß man einmal einsehen, daß es Fähigkeiten gibt, die altersabhängig sind, das ist ein Generationenproblem. In der nächsten Generation wird man mit Unverständnis diesen Vorbehalten gegenüberstehen. Das ist einfach das Problem unserer jetzigen Generation.

Prof. Dahrendorf:

Ich glaube, es gibt da gewisse Unterschiede zwischen Herrn Mey und mir. Ich habe nicht behauptet, daß die Technik die Ursache für die Entwicklung ist, die ich geschildert habe. Ich habe gesagt, hohe Reallöhne fördern den Gedanken der Produktivitätssteigerung durch Technisierung und die Anwendung der Technik. Produktivitätssteigerungen durch Technisierung reduzieren den Bedarf an Arbeit. Das ist der Sinn der Sache. Durch die Reduktion dieses Bedarfs geschieht es, daß bestimmte Gruppen durch das Sieb der offiziellen Arbeitsgesellschaft fallen und die Versuchung ist sehr groß, trotz der besonderen Befähigung junger Menschen für die moderne Technik, Junge als erste da durchfallen zu lassen. Weil sie nämlich noch nicht drin sind, sondern überhaupt erst aufgenommen werden müssen. Das ist eine soziale Tatsache, nicht eine Funktion der Technik überhaupt, im Gegenteil.

Dr. Afheldt:

Wir sind noch immer bei der Frage, wie sich dieses Beschäftigungssystem unter Nutzung der Technik weiterentwickelt. Herr Rogge, dazu. Und dann würde ich gerne noch, damit wir keine »Underclass« hier haben, auch das Plenum mit einbeziehen.

Dr. Rogge:

Ich möchte noch einmal einhaken, bei dem, was jetzt gesagt worden ist: Beschäftigungssenkung durch Reallohnsteigerungen. Auch hier wieder komme ich zu meiner These zurück: es ist nur ein Beispiel für eine überzogene Rigidität, mit der wir den Veränderungen unserer Umwelt nicht gerecht werden. In allen Ländern, in denen Mindestlöhne festgelegt werden, wirken sich diese Mindestlöhne zu Lasten derjenigen aus, die man eigentlich glaubte, damit schützen zu sollen. In allen Ländern, in denen quer über alle Branchen durch Gewerkschaften, die nicht die einzelne Firma im Auge haben, Löhne festgesetzt werden, wirken sich diese Löhne zu Lasten der weniger produktiven, zu Lasten der weniger profitablen Firmen aus und dort werden die Arbeitsplätze gefährdet. Und in allen Ländern, in denen dann eine Tätigkeit jenseits dieses offiziellen Lohnsystems unter Strafe gestellt wird, steigen die Arbeitslosenziffern. Und in allen Ländern, in denen die Tätigkeit jenseits dieses offiziellen Systems nicht unter Strafe gestellt wird, herrscht Vollbeschäftigung. Das ist weitgehend beispielsweise in Italien der Fall, wo erstens einmal die offiziellen Arbeitslosenstatistiken niedriger sind als etwa in den Vereinigten Staaten oder in England, wo zweitens aber die inoffiziellen Arbeitslosenstatistiken nicht existent sind, weil nämlich jeder Arbeit hat. Nur, er findet diese Arbeit außerhalb der Rigidität des offiziell dekretierten Systems. Mit anderen Worten, wir produzieren unsere Arbeitslosigkeit selbst.

Diskussionsteilnehmer:

Ich bin überzeugt, daß wir in Zukunft anders arbeiten werden. Die entscheidende Frage ist, wie das geht. Anders, und zwar aus einem ganz einfachen Grund: es geht hier nicht um Arbeitsplätze, es geht auch nicht um Wirtschaft. Es geht, meine ich, um eine Rückbesinnung auf traditionelle Werte. Es geht um Einstellungsveränderungen. Es geht, nach einer Phase der Prosperität, darum, daß wir wieder Menschen werden, wieder miteinander leben in einer anderen Weise, wie wir das in der Nachkriegsphase gewohnt waren.

Es gibt ja nicht nur die Frage der Angebotsorientierungen des Wachstums, sondern ich meine auch, man könnte soziale Marktwirtschaft weiter ausbauen und höher qualifizieren.

Wie könnte diese Ausgestaltung der Qualität von sozialer Marktwirtschaft laufen? Für mich, der ich mehr aus dem Metier der Arbeitswelt komme, ist ein wesentliches Element, mehr Markt für Arbeit auf dem Arbeitsmarkt. Es ist doch eine Blockade, die wir vorfinden, die in den Betrieben genauso vorhanden ist; denken Sie z. B. an das Thema, Teilzeitbeschäftigung; wollen wir einen Arbeitsplatz teilen oder wollen wir das so weiterfahren lassen. Wir denken nach Köpfen, wir denken nach Arbeitsplätzen und damit glauben wir, es wäre alles zu Ende. Ich glaube, es geht darum, zu überprüfen, wie weit ist es unter den gegebenen technologischen Bedingungen von morgen möglich, Arbeit zu gestalten, eine andere Qualität von Arbeit zu machen.

Ich glaube daran, daß die Kraft, gerade in den westlichen

Industrieländern, ausreicht für so viel Innovation, daß wir in Kürze wieder Arbeit haben werden, während wir heute zu wenig haben. Sicherlich auch bedingt durch die demographische Entwicklung, die sich 1990 gegen 2000 sehr deutlich verändert. Deshalb meine ich, sollten wir mit Hilfe der technologischen Entwicklung Möglichkeiten suchen, die so variabel sind, daß wir sowohl Antworten finden, um Teillösungen der Arbeitsmarktproblematik zu finden, die heute helfen, als auch solche, die nach 1990, wenn wir zuviel Arbeit haben, uns wieder zurechtkommen lassen.

Management von morgen, Anpassung, Personalpolitik, heißt doch auch, wir müssen einfach mehr Fantasie walten lassen. Das beginnt mit neuen Formen des Arbeitsmarktes. Ich will ja die Punkte gar nicht alle nennen, von jobsharing über Teilzeitarbeit bis zum Sabbatjahr. Ich möchte aber eins noch sagen, ich glaube sogar daran, daß wir die Schwarzarbeit legalisieren können und müssen. Ich schreibe gerade darüber ein Buch. Es gibt Wege. Die Voraussetzung dazu ist aber, anzuerkennen, daß es einen Parallelberuf geben kann.

Es muß doch in einer Wirtschaft, die so ausgebaut ist wie in unseren Ländern, möglich sein, fünf Stunden zu arbeiten, und zu wissen, am Nachmittag kommt dann das andere für mich. Dann leite ich einen Chor oder ich mache nebenberuflich Politik, oder ich bin in einem kulturellen Verein, ich verdiene auf eine völlig andere Weise, und wenn ich Bilder male. Ich kenne solche Beispiele, mit Verdienst und ohne Verdienst. Es gibt Leute, die können es sich leisten, fünf Stunden zu arbeiten und haben genug. Ich habe Leute beschäftigt, die stellen die Bedingung: nur acht Monate im Jahr, sonst kann ich nicht arbeiten, ich will nicht länger. Viele können sich das leisten, wieso, das weiß ich nicht.

Die neue Technologie gibt natürlich eine weitere Möglichkeit und wir haben ja endlich den Ansatz für ein bißchen Fantasie bei einer Gewerkschaft in Deutschland gefunden, die bereit ist, unsere Kapitalschwäche zumindest zu sehen. Stellen wir uns doch vor, in den ersten Phasen unseres

Berufslebens bekommen wir einen Investivlohn und können in der zweiten Phase abbauen, können von diesen Teilen des Einkommens auch leben. So hätten wir schon zwei Elemente, nämlich die Parallelarbeit als Hilfe für weniger Arbeit im Hauptberuf; und wir hätten möglicherweise ab dem fünfundvierzigsten, fünfzigsten Lebensjahr ein zweites Einkommen durch Beteiligung, die uns vorher zugeflossen ist in Form eines Investivlohnes.

Diskussionsteilnehmer:

Ich komme aus der deutschen Arbeitsverwaltung und leite das Landesarbeitsamt Hamburg-Schleswig-Holstein. Ich bin etwas erschrocken über die Gegensätze, die Sie doch alle, wenn ich richtig gehört habe, zu Herrn Endress haben, und die ich, der ich ständig im Arbeitsmarktgeschehen bin, nicht verstehe. Von was wollen Sie denn das bezahlen, von der Schuldenlast, die wir in unserer Verwaltung mit Milliarden vortragen auf 1983? Ich möchte auch darauf hinweisen, wenn die Qualitätsanforderungen der angebotenen Stellen, die wir ja immer noch haben, mit dem übereinstimmen würden, was auf der Arbeitnehmerseite an Bewerberqualitäten da ist, dann hätten wir ja einige hunderttausend Arbeitslose weniger. Darauf hat auch Herr Endress ausdrücklich hingewiesen. Wir haben Arbeitslose, für die wir keine Arbeit haben. Wir haben aber offene Stellen, für die wir auch keine Arbeitslosen haben. Und ich meine, in der Anpassung, beginnend bei der Berufsausbildung, über das ganze Leben hinweg, liegt eine große Chance der Qualifizierung, denn wir brauchen andere Kräfte als derzeit. Und darum Wachstumsabstinenz? Wir wissen auch, daß, wenn morgen mehr Arbeit kommt, mehr Wachstum, nicht sofort Arbeitskräfte gebunden werden. Denn die Betriebe haben alle einen Produktivitätsstand, der sich leicht um zehn, zwanzig, manchmal fünfundzwanzig Prozent erhöhen läßt, mit den selben Kräften, die sie heute haben, von Kurzarbeit usw. ganz abgesehen.

Dr. Afheldt:

Ich möchte gerne dieses Mißverständnis, wie ich es empfinde, an die Herren des Podiums weitergeben. Ich habe sie nicht so verstanden, daß hier eine Kritik am Wachstum besteht, sondern im Gegenteil, ich habe eigentlich alle Voten so verstanden, daß Wachstum stattfinden sollte; und meiner Ansicht nach wird mit dem Begriff qualitatives Wachstum sehr viel Schindluder getrieben. Es wird automatisch ein qualitatives Wachstum sein. Sondern ich glaube, die Frage war: reicht das, was wir an Wachstum vor uns haben, bei der heutigen Arbeitsstruktur aus, um alle, die beschäftigt sein wollen, auch unterzubringen. Da gab es unterschiedliche Positionen.

Dr. Rogge:

Herr Afheldt, ein klärendes Wort noch dazu, denn ich hätte mich wirklich mißverständlich ausgedrückt, wenn Sie verstanden hätten, ich hielte Wachstum für überflüssig. Ich habe nur gesagt, Wachstum in den bisherigen Strukturen, den heutigen Strukturen, wird unsere Probleme nicht lösen können. Ebensowenig wie etwa das Wachstum der Industriewirtschaft aus dem Jahre 1900 möglich und sinnvoll gewesen wäre, wenn es in den Strukturen von 1900 erfolgt wäre. Wenn im Jahre 1900 einer behauptet hätte, im Jahre 1980 werden die Menschen das 22fache des heutigen Einkommens haben, dann hätte jeder gesagt, das ist schlicht unmöglich, denn wir brauchen nicht das 22fache der heutigen Pferdewagen und der heutigen Strohhüte. Darauf will ich hinaus. Wenn wir hartnäckig darauf versessen sind, morgen das fünffache der heutigen Stahlproduktion abzusetzen, oder das fünffache der heutigen Bekleidungsproduktion, dann sind wir auf dem falschen Weg. Und auf dieses Wachstum zu hoffen, das ist Illusion.

Diskussionsteilnehmer:

Ich möchte noch das Problem der Mehrarbeit diskutieren. Wodurch ist denn das Wachstum in den sechziger Jahren entstanden? Doch in einem wesentlichen Punkte dadurch, daß wir Innovationen, die vorher entwickelt waren, mit hoher Produktivität eingesetzt haben, und auf der anderen Seite ständig sinkende Kosten bei den Energierohstoffen gehabt haben. Ja, die Energierohstoffe waren 1969, 1970, 1972 so, daß man sie praktisch bei mittleren Unternehmen aus der Portokasse bezahlen konnte. Heute sind es entscheidende Kostenfaktoren. Wenn ich einen ständig sinkenden wesentlichen Kostenanteil für die Produktion habe, kann ich auf der anderen Seite für z. B. die Arbeitskraft mehr aufwenden.

Dann ist noch etwas passiert: bei uns wurden die Löhne bemessen nach der Zahlungsfähigkeit eines besonderen Unternehmens, das Kraftfahrzeuge herstellt. Damit begann die Lohnrunde und die gesamte deutsche Industrie, von der Metallindustrie bis zur Textilindustrie hatte sich nach diesen Löhnen zu richten. In dieser Zeit wurde ja eine Arbeitskraft höher honoriert, als sie an Leistung erbrachte. Und 1972 gab es leider kaum einen, der den Mut aufbrachte, zu sagen, hier muß etwas kürzer getreten werden.

Die Arbeitslosigkeit ist doch im wesentlichen dadurch entstanden, daß die Firmen nicht mehr in der Lage waren, weil man ja auch die Profite bekämpfte, den Leuten höhere Löhne zu zahlen als ihre individuelle Leistung für das Produkt ausmachte. Das Arbeitspreismonopol – da hat sich das Kartellamt nie drum gekümmert – hat doch dafür gesorgt, daß es für viele Leute im Grunde genommen viel interessanter war, nur fünf Monate zu arbeiten; da gibt es Leute, die im Sommer bestimmte Spitzenlöhne haben, die müssen im Jahr zwei Monate krankfeiern, um dann praktisch sieben Monate im Jahr nicht arbeiten zu müssen, um in fünf Monaten Arbeit ein höheres Nettoeinkommen im Jahr zu haben als in zwölf Monaten Arbeit.

Und wenn Sie auf der anderen Seite anzweifeln, daß es nicht genug Arbeit gibt, dann frage ich mich, wieso gibt man eigentlich Einkommensübertragungen und verlangt dafür keine Tätigkeit? Es gibt in Deutschland Arbeit in Hülle und Fülle, die man – neue Formulierung – auf dem zweiten Arbeitsmarkt vergeben könnte. Wäre das der Fall, dann könnten Sie einen Großteil der sogenannten Arbeitslosen aus der Statistik schon einmal streichen. Und wenn man verlangen würde, daß eine feste Arbeitszeit als Grundlage dienen muß, dann würden die ganzen Teilzeitarbeitsinteressenten auch aus der Statistik rausfallen. Wer aber glaubt, durch eine Aufteilung der Arbeitszeit die Nachfrage nach Arbeit zu senken, der hat die Nationalökonomie nicht verstanden. Denn da gibt es Angebotsfunktionen, die linear sind, ganz selten.

Machen Sie heute einen Vier-Stunden-Arbeitstag, dann haben Sie nicht zweieinhalb Millionen Abeitslose, sondern viereinhalb Millionen, denn jede Ehefrau würde zu vier Stunden Arbeitszeit bereit sein, und, falls gegeben, zum Arbeitsamt liebend gerne stempeln gehen. Ändern Sie die Voraussetzungen und dann sieht die Statistik der Arbeitslosigkeit ganz anders aus. Zahlen Sie leistungsgerechte Löhne und vermeiden Sie, daß der Facharbeiter fast nur genausoviel verdient wie der Hilfsarbeiter, der im Grunde genommen nur das eine Interesse hat, auf der payroll zu stehen.

Diskussionsteilnehmer:

Ich bin im Bereich der Jugendsozialforschung tätig und vertrete hier die eidgenössische Kommission für Jugendfragen, die vor einem Jahr einen Preis erhalten hat. Wenn ich dem allen zuhöre, dann kommt mir die Frage, wie Sie eigentlich ein Faktum interpretieren, wie es mir in der Arbeit begegnet. Denn, wenn ich das Thema beantworten müßte, müssen wir morgen mehr oder weniger arbeiten, dann ist, wenn man bei den Jungen aufmerksam hinhört, die Antwort klar: wir werden weniger arbeiten.

Jetzt gehe ich davon aus, daß die junge Generation eine Art Seismograph für gesellschaftlich unterschwellige Strömung ist, und daß in ihrem Denken embryonal etwas vorhanden ist, was sich morgen in der Gesellschaft real niederschlägt. Ich gehe aber auch davon aus, daß sehr viele Junge schon falsch denken und daß die Psyche oder die Gehirnzellen mit falschen Informationen gefüllt sind oder auf einer falschen Spur laufen, denn nicht jede Aussage oder jedes Verhalten der Jungen ist ja richtig.

Wenn wir tiefer fragen, was denkst Du über die Arbeitswelt, dann kommen zuerst gängige Antworten: ich möchte als Mensch ernst genommen werden, ich möchte in der Gruppe arbeiten, die Umgebung muß stimmen, ich möchte nicht mehr primär mehr Lohn, ich möchte menschliche Beziehung usw. Und wenn man dann noch tiefer bohrt, wie glaubst Du, wirst Du arbeiten im Jahre 2000?, dann kommt eine ganz klare Antwort, die heißt: ja, ich werde wahrscheinlich nur noch halbtags arbeiten oder die halbe Woche. Und ich werde Turnlehrer daneben sein oder meine Frau und ich werden uns teilen. Oder ich werde dann kreativ Musik machen. Oder ich werde im Dienstleistungsbetrieb einer Freizeitindustrie tätig werden. Oder ich werde arbeiten soviel wie ich brauche und daneben noch eine ganze andere Intention entfalten wollen.

Heißt das nun für Sie; ja, das ist ein Zeichen von Faulheit,

Bequemlichkeit, die Leute sind satt, die wollen eben nicht mehr arbeiten. Die sollen einmal wieder lernen, was eine Krise ist. Oder heißt das, das ist ein kreativer Ansatz, hier sind Innovationsprozesse bei den Jungen im Gang, Transformationsprozesse in Kleingruppen und bei der jungen Generation, die ganz ernst zu nehmen sind? Oder heißt das, die sind einfach falsch informiert, die kommen dann schon noch auf den Boden. Was heißt das für Sie?

Prof. Dahrendorf:

Ich bin noch viel weniger als der Vorredner der Meinung, daß junge Leute embryonal das vertreten, was die Gesellschaft von morgen kennzeichnet. Ich halte das für einen Irrtum. Die meisten jungen Leute vertreten embryonal das, was sie als Persönlichkeiten selber später repräsentieren werden.

Aber ich würde sehr vorsichtig sein mit der Behauptung, daß man an den Jungen und ihrer Meinung ablesen kann, was die Wirklichkeit von morgen sein wird. Dennoch, ich mache bewußt diese Einschränkung, dennoch glaube ich, geht aus den Ausführungen in meinem Referat hervor, daß das, was Sie geschildert haben, mich in keiner Weise besorgt. Dies ist in der Tat eine Entwicklung, wie ich sie erwarten konnte. Darf ich ganz kurze Sätze sagen, dogmatische Sätze.

Wachstum ist wünschenswert und zwar auch dann, wenn es in traditionellen Formen sehr schwer geworden ist, dieses Wachstum hervorzubringen; kein Zweifel daran.

Wachstum wird in der Regel, wie übrigens Sie selber es gesagt haben, nicht unmittelbar und vielleicht auf absehbare Zeit nicht, die Beschäftigungsauswirkungen haben, die man sich davon erhofft.

Es gibt Ausnahmen. Es gibt bestimmte Bereiche, in denen ich zugeben würde, daß eine angebotsorientierte Wirtschaftspolitik im strengen Sinne des Begriffes rasch Erfolge haben kann. Ich rechne den gesamten Bereich des Wohnungsbaus dazu. Ich glaube also, daß für den Wohnungsbau Dinge gelten, die nicht unbedingt gelten für viele andere Industrien, ohne diese jetzt namentlich zu nennen. Wobei, wenn ich es richtig sehe, das Hauptproblem nicht in der Gesetzgebung, sondern in der Endregulierung liegt, d. h. also bestimmte Restriktionen zu beseitigen, die im Augenblick auf der Verwendung von Wohnungseigentum liegen etc. Ich bin da völlig der Überzeugung, die ja heute auch in der Bundesrepublik offiziell vertreten wird. Man wird sehen, was da geschieht.

Vielleicht sollte ich die vielen anderen Dinge beiseite lassen und nur eines zum Calvinismus der Unternehmer sagen, den ich natürlich sehr gerne zur Kenntnis nehme. Ich lebe, wie Sie wissen, in einem Land, in dem ein bedeutender Ökonom schon vor neunzig Jahren gesagt hat, daß leider die Söhne der Unternehmer alles mögliche ererbt haben, aber nicht den Calvinismus ihrer Väter. Das war Alfred Marshall, der damit die Schwäche der britischen Wirtschaft in den achtziger und neunziger Jahren erklärt hat. Da ich etwas zögerlich bin in der Verallgemeinerung unternehmerischer Haltungen, will ich Ihnen auch nicht entgegenhalten, daß es einen Calvinismus der Professoren und der Intellektuellen auch gibt.

Mich beunruhigt es etwas, wenn hier der Eindruck entstanden ist, daß ich gegen Herrn Endress argumentiert hätte. Das war jedenfalls nicht meine Absicht. Es gibt eine ganze Fülle von Punkten, in denen wir sehr einig sind. Es gibt vielleicht einige Punkte, in denen wir nicht einig sind, aber das letzte, was mir vorschwebte, war, dagegen zu argumentieren. Ich habe eine Hochachtung für Unternehmer; und ich darf persönlich hinzufügen: es ist mir immerhin gelungen, meine eigene Hochschule in den neun Jahren meiner Tätigkeit von einer achtzig Prozent staatlich finanzierten Hochschule zu einer vierzig Prozent staatlich finanzierten Hochschule zu machen. Wenn ich noch neun Jahre bleiben würde, wäre sie sicher nur noch fünf Prozent staatlich.

Dr. Afheldt:

Ja, mit dem Bekenntnis zum Unternehmer kommen wir jetzt wirklich auf die Mikroebene, also auf die Einzelunternehmen herunter. Ich glaube, unabhängig von der Position, ob man meint, daß insgesamt ein, wie auch immer geartetes Wachstum, die heutigen Beschäftigungsprobleme in absehbarer Zeit lösen kann oder nicht, wirtschaftliche Entwicklung wird immer durch Anpassung und durch Initiative der einzelnen Unternehmen und der Arbeitnehmer in den Unternehmen in Gang gesetzt und in Gang gehalten.

Wir haben von allen heute deutlich gehört, daß dort Rigiditäten, Hemmungen, Hemmnisse aus dem politischen Raum empfunden werden, die die Wettbewerbsfähigkeit, die Entwicklung eines einzelnen Unternehmens erschweren. Aber unabhängig davon meine ich, muß die Antwort auf die Frage, brauchen wir flexiblere Ansatzpunkte auf dem Arbeitsmarkt, auch aus der einfachen Kenntnis des Tatbestandes heraus richtig sein, daß wir ja jedes Unternehmen im Laufe der Zeit vor außerordentlich unterschiedlichen Beschäftigungssituationen sehen, gerade im Prozeß einer Anpassung. Ein Problem, das die Branchenkonjunktur, aber auch die Konjunktur des einzelnen Marktes, der einzelnen Absatzmärkte betrifft. Ich frage mich, welche Möglichkeiten hat denn der einzelne Unternehmer heute, welche Modelle haben wir, um sich da flexibler anzupassen? Um nicht, wie Herr Rogge es einmal gesagt hat, in unvertretbarem Maße eine feste Menge Arbeit einzukaufen, wenn doch die Beschäftigung offensichtlich sehr unterschiedlich ist, schwankend im Zeitablauf. Können wir uns vielleicht mit dieser Frage noch beschäftigen?

Endress:

Jetzt weiß ich nicht, ob ich Ihnen als calvinistischer Unternehmer oder als Pragmatiker antworten soll. Sehen Sie, ich habe meine Erfahrungen aus meinem Unternehmen, meiner Unternehmensgruppe und das sieht ganz einfach aus. Ich kann relativ einfach für Wachstum plädieren. Es gibt Untersuchungen, die sagen, daß in der Meßtechnik, etwa auf dem Gebiet, auf dem wir arbeiten, in fünf Jahren eine Verdreifachung der Meßstellen stattfinden wird, in zehn Jahren etwa eine Verzehnfachung, und die Gründe sind vorher genannt worden. Die Rohstoffe sind teuer geworden, Wasser und Luft wird rarer und alles das heißt, wenn Sie Prozesse genauer führen und irgendwo sparen wollen, mehr messen.

Für uns ist das relativ einfach. Wir haben, ich glaube, als Unternehmen und Unternehmensgruppe, unter der Voraussetzung, daß wir unsere Strukturen schnell anpassen, sehr gute Möglichkeiten. Um Ihnen nur eine kleine Idee zu geben: vor sechs, acht Jahren war unser Hauptgebiet die Elektronik. Die Elektronik wird uns auf der Seite von Herrn Mey durch die Rechner, die Prozeßrechner, weggestohlen. Na gut, das ist eine ganz normale Sache in der Welt der Industrie, und wir müssen uns jetzt flexibel mit der Sensorik befassen. Das hat für uns ganz neue Technologien bedeutet. Wir müssen in die Dünnschichttechnik, Dickschichttechnik, wir müssen heute wahrscheinlich in Zukunft in keramische Techniken gehen, Dinge, von denen wir vor fünf Jahren noch keine Ahnung gehabt haben.

Und wie haben wir das angegangen? Sie haben die Rigiditäten angesprochen. Wir probieren, Flexibilität im extremsten Ausmaße in unserem Unternehmen zu exerzieren. Zunächst einmal fängt es an bei der Auswahl der Arbeitskräfte. Ich habe das vorher so ganz leger gesagt, wir geben ein Prozent unseres Umsatzes für Personalinserate aus. Ich habe 317 – und Sie werden sagen, woher haben Sie die Zeit genommen – Personalchefs interviewt, bis wir einen eingestellt haben. Das war der, der die Einstellung hat, die ich als akzeptabel betrachtete, der die Leistung erbringen will und die Leistung von den Leuten, die er einstellen wird, verlangt. Es ist so, daß wir normalerweise, selbst bei kleineren Mitarbeitern, acht bis zehn Leute anschauen, bis wir uns einen auswählen. Wir besetzen keinen Platz, ohne daß wir überzeugt sind, daß wir einen Leistungsorientierten haben. Das ist Punkt Nummer eins.

Punkt Nummer zwei ist, daß der Abbau von Hemmschwellen bei neuen Techniken seit zwei Jahren, eigentlich seit zweieinhalb Jahren systematisch betrieben wird. In unserer gesamten Unternehmensgruppe schulen wir unsere Leute auf Mikroprozessorik. Und wie wir das erste Mal unsere Sekretärinnen da reingesteckt haben, da haben sie ein bißchen dumm geschaut und haben gesagt, was interessiert uns Mikroprozessorik, und dann haben wir ihnen gezeigt, was Telefax ist, was für Kommunikationsmethoden auf uns zukommen und heute bin ich auf weite Strecken in der unangenehmen Lage, daß die Leute sagen: okay, Telefax haben wir, was ist mit den anderen Techniken, wann kommen die. Das heißt also, im Marketing, im Vertrieb, in der Forschungsentwicklung probieren wir, Hemmschwellen abzubauen, die Akzeptanz für neue Techniken vorzubereiten. Das ist das, was ich als mögliche Flexibilität betrachte.

Aber eines ist uns in der Bundesrepublik nicht gelungen, die Arbeitszeit flexibler zu gestalten. Da sprechen Tarifverträge, da sprechen so viele Dinge dagegen, daß Sie einfach in einem Netz von Rigiditäten eingesponnen sind. Ich will ein Gegenbeispiel bringen: wir haben eine Zweigfirma in der Nähe von San Francisco. Dort ist der Professor X in der Entwicklung, der sagt, ich will nicht mehr als zwanzig Stunden arbeiten in der Woche und wir haben uns angeschaut, was seine Arbeit wert ist, und dann haben wir gesagt: okay, soviel ist deine Arbeit wert und die zwanzig Stunden nimmt er, wann er will. Er kommt manchmal zwölf Uhr nachts und arbeitet bis vier Uhr morgens. Und da wir wissen, daß er selbständig ist, da wir wissen, daß er seine Leistung erbringt, gestatten wir das. Diese Zweigfirma ist für mich eine vollständig verrückte Firma. Ich muß mindestens drei Wochen vorher sagen, wann ich komme, damit ich die Leute treffen kann, weil die ihre Arbeitszeit so einteilen, wie sie wollen. Und das geht. Aber in der Bundesrepublik oder in der Schweiz würde das aufgrund der Gesamtarbeitsverträge, der Tarifverträge, einfach nicht gehen. Ich glaube, dort müssen wir umdenken. Jetzt noch eine kleine Seitenbemerkung zum letzten Diskussionsredner. Wissen Sie, das ist in Ordnung, wenn die Jungen sagen, wir wollen einen halben Tag arbeiten und einen halben Tag als Turnlehrer tätig sein. Doch zunächst einmal stellt sich die Frage der Bezahlung. Wenn er mit dem halben Tag bezahlter Arbeit zufrieden ist und den Turnlehrer gratis macht, als eine soziale Leistung, dann soll es ihm unbenommen sein. Ich mache derartige Sachen in meiner Freizeit auch, nicht als Turnlehrer, das sehen Sie an meiner Figur. Nur dort wird ja eben in anderen Kategorien gedacht: Na dann mache ich das für einen halben Tag als Job und den anderen Job am anderen halben Tag. Da muß ich Ihnen sagen, was soll's, wir haben ja heute Turnlehrer. Da nehmen sie nur dem Turnlehrer einen halben Tag weg. Das heißt »ja« zu solchen Lösungen, wenn sie die Einkommens-, die Reallohneinbuße akzeptieren.

Dr. Afheldt:

Ich halte Ihre Äußerung für wichtig, wonach wir feststellen, daß die Organisationen, die Verbände, die im wesentlichen aufgerufen sind, Anpassung und Strukturwandel zu beschleunigen und zu erleichtern, daß die in ihrem tatsächlichen Verhalten eher dazu neigen, ihn zu erschweren, weil sie zu rigide Vorschriften erlassen. Das ist ein ganz entscheidender Punkt, den wir ja auch in vielen unserer Untersuchungen, auch in unseren Beratungsfällen, immer wieder herausstellen müssen. Uns selber ist die Forderung sehr schnell von den Lippen gegangen, daß wir dort organisatorische Innovationen brauchen, aber die Durchsetzung dieser Forderungen ist außerordentlich schwierig. Vielleicht liegt das daran, daß in vielen Organistionen zuviel Unterbeschäftigung herrscht, wie Herr Dahrendorf in seinem Referat gesagt hat. Die Leute fühlen sich zu wenig aufgerufen, sich mit neuen Überlegungen zu befreunden. Wir sollten auf diesen Punkt noch einmal zurückkommen, was können eigentlich die Verbände dazu beitragen, daß wir den Strukturwandel schneller bewältigen; ebenso auf die Frage, was haben wir eigentlich vom Staat noch zu hoffen im Hinblick auf eine Verbesserung der Beschäftigungsrandbedingungen. Ist der Staat mit seinem bisherigen Programm nicht eher in vielen Fällen ein Strukturwandelhemmnis als ein Strukturwandelmotor?

Diskussionsteilnehmer:

Die Tarifpartner auf der Arbeitgeberseite werden meistens vertreten von Leuten, die recht gut die Lohnerhöhungen auf ihre Preise überwälzen können. Deshalb fordern wir eine Lockerung oder eine Öffnung der Tarifverträge, auch nach eventuell abgeschlossenen Verträgen. Und zwar eine Öffnung dahingehend, daß die wirklich demokratisch legitimierten Arbeitnehmervertreter, nämlich die Betriebsräte in den Betrieben, die Möglichkeit hätten, auf individuelle Bedürfnisse eines Betriebes einzugehen. Daß z.B. eine Tarifrunde intern korrigiert werden kann, so daß der Betrieb anschließend nicht gezwungen ist, Leute zu entlassen; daß man sich im Betrieb einig ist, wenn wir auf dem und dem Lohnniveau uns einpendeln, dann können wir bestimmte Leute weiter beschäftigen.

Wir haben ferner die Gewerkschaften dazu aufgerufen,

bei der Arbeitsvermittlung mitzuhelfen. Denn sie haben aufgrund ihrer Struktur die Möglichkeit, mit ihren Funktionären vor Ort in den Betrieben durchaus eine beratende Funktion wahrzunehmen, indem sie das Arbeitsamt beraten, welche Leute für die ausgeschriebenen Positionen in Frage kommen. Die Beamten, die jetzt in den Arbeitsämtern sitzen, wissen im allgemeinen gar nicht, wie kann ich mit welchem Mann diese freie Stelle besetzen. Wir haben diese Forderung auch an Herrn Breit gestellt. Der hat sie uns rundweg abgelehnt. Er meinte, wir würden das System unterminieren wollen, aber es ging uns wirklich um etwas ganz anderes.

Zur Vermögenspolitik – der Kapitalbeteiligung von Mitarbeitern – meinen wir, daß es eine andere Einstellung des Arbeitnehmers gäbe, wenn er die Möglichkeit hätte, sich am Betrieb zu beteiligen. Und außerdem würde sich insgesamt durch die sich daraus ergebende Mitbestimmung am Arbeitsplatz eine höhere Effizienz ergeben.

Dr. Wolff:

Zur Frage der Mitinitiative: im Bereich der Personalpolitik müssen die Veränderungen laufen, die Herr Dahrendorf nannte, weg von der Arbeit, hin zur Tätigkeit. Hier wird es auch möglich, die Vorstellung von Jugendlichen zu integrieren.

Mir scheint ferner das Problem im Augenblick darin zu liegen, daß viele Unternehmer auf den Staat schimpfen, der Staat auf die Unternehmer schimpft, der Unternehmer auf die Gewerkschaften, die Gewerkschaften auf beide zugleich. Warum können nicht alle Gruppen in ihrem Bereich einmal versuchen, anzufangen, das zu tun, was sie tun können? Herr Endress hat hier Beispiele genannt. Er hat konkret gesagt, nur bei der Arbeitszeit habe ich Probleme, das kann ich nicht alleine machen. Wir müssen über den

Punkt hinwegkommen, daß wir immer den jeweils anderen zur Initiative auffordern. Dann bewegen wir uns nur im Kreis.

Dr. Meyer:

Tatsache ist, daß offensichtlich viel mehr Experimente laufen, als der Öffentlichkeit bekannt sind. Ich bin ja Wirtschaftsjournalist, und ich versuche, nach Möglichkeit beizutragen, das Wissen über solche Experimente zu verbreiten. Nun haben aber die Unternehmer eine Scheu, darüber zu berichten, wenn sie etwas Gutes tun. Ich möchte den Vorschlag machen, daß die Verbände, als Schaltstellen zwischen der Wirtschaft und den Medien, von sich aus einmal die Initiativen ergreifen, damit es zu einer echten Kommunikation kommt.

Endress:

Wenn wir versuchen, größere Flexibilität in die Betriebe zu bekommen, dann müssen wir von den jetzigen Gesamtarbeitsverträgen in der Schweiz oder Tarifverträgen in der Bundesrepublik irgendwie herunterkommen zu einer Art Hausverträgen, zum Beispiel mit hausinternen Gewerkschaften. Für mich war es ein besonderes Ereignis in unserer japanischen Fabrik, als ich das erste Mal, nachdem wir die Mehrheit erworben hatten, mich mit den Hausgewerkschaften zusammensetzte. Als die erste Frage gestellt wurde, habe ich gedacht, jetzt kommen dreißig Prozent Lohnerhöhung. Aber die erste Frage war: was werden Sie im kommenden Jahr in diesem Betrieb investieren? Dann habe ich also vorgelesen, was wir machen wollten. Und dann habe ich mich erkundigt, warum denn eigentlich diese Frage? Die Antwort war: wenn wir hier rationell und kostengünstig produzieren, und wir sind praktisch lebenslang angestellt, dann haben Sie dafür zu sorgen, daß das abgesetzt wird, sonst verlieren Sie Ihr Gesicht.

Erst der zweite Punkt war, daß wir über Löhne und Gehälter verhandelt haben. Nach dem japanischen System sind das Minimum vierzehn Monatsgehälter. Wenn die Firma erfolgreich ist – und die Gruppe versucht ja, die Firma erfolgreich zu machen –, dann haben sie damit praktisch eine Form von Beteiligung, dann gibt es ein fünfzehntes, sechzehntes, siebzehntes, ich glaube, das absolute Maximum in Japan waren zwanzig Monatsgehälter, die einmal ausgezahlt wurden. Das kommt dann jeweils groß in die Zeitung.

Die dritte Frage, die mir gestellt worden ist, war wiederum erstaunlich, und ich glaube, das ist nur mit einer Hausgewerkschaft möglich. Man hat mich gefragt, sind Sie als Investor zufrieden? Bekommen Sie genügend Geld? Wir wissen doch, daß Sie in Europa als Kapitalgeber eigentlich mehr Geld verdienen als bei uns. Und als ich gesagt habe, ja, ich bin zufrieden, da war die Welt in Ordnung.

Dr. Afheldt:

Die Zeit nähert sich ihrem Ende. Ich schlage vor, daß die Herren auf dem Podium noch die Möglichkeit erhalten, ganz kurz zu sagen, wo aus ihrer Sicht die wichtigsten Instrumente gesehen werden können zur Flexibilisierung. Es wird auch nach dieser Runde das Gefühl bleiben, daß wir die meisten Dinge nur andiskutiert haben. Die Veranstalter konnten auch nicht erwarten, daß wir in der Lage sein werden, Dinge, die seit Jahren in verschiedenen Gremien diskutiert werden, hier zu lösen.

Dr. Wolff:

Das wichtigste Instrument überhaupt ist zunächst eine Art neuer Denkform. Ich möchte das einmal nennen: Mut zur Dezentralisierung. Mut auch der zentralen Stellen dazu, daß man sagt, es können andere auch gute Ideen haben, vielleicht sogar die eigenen Mitarbeiter im Unternehmen oder die anderen Stellen, die nachgeordneten Stellen in der Verwaltung. Wir haben Arbeitsmarktpolitik heute faktisch nur zentralisiert. Wenn eine Gemeinde auf die Idee kommt, sich zu überlegen, was sie denn eigentlich für ihre Arbeitslosen tun könnte, dann kommt sie in wahnsinnige Schwierigkeiten. Das geht weiter im Bereich der Gewerkschaften. Herr Endress nannte es eben. Ich bin zwar nicht ganz so sicher, daß nur Hausgewerkschaften funktionieren. Wir müssen, glaube ich, eine neue Diskussion beginnen, so schwierig es ist, über die Frage, wieviel Zentralität und wieviel Dezentralität. Wir haben neue Bedingungen. Wir hatten diese Diskussion nach dem Kriege. Es ist nicht mehr so, daß wir nur sagen, der Markt auf der einen Seite und der Staat auf der anderen. »Der« Staat existiert ja nicht; wir haben viele staatliche Stellen, und die tun alle möglicherweise was eigenes und verschleißen ihre Kraft in der Koordination. Hier sollten wir mal überlegen, wie die Abstimmung laufen könnte. Auch die Verbände spielen in unserem System eine wachsende Rolle, auch in dem Sinne, daß sie Dienstleistungen für Unternehmen erbringen.

Dr. Rogge:

Ganz sicher ist es so, daß wir in die Richtung zunehmender Dezentralisierung, sowohl unserer Betriebe wie auch der Volkswirtschaft insgesamt, kommen müssen. Ich beziehe sehr viel Hoffnung und sehr viel Optimismus dafür aus der Entwicklung der Technik. Die moderne Informationstechnik setzt uns instand, viel dezentralisierter zu arbeiten, viel dezentralisierter zu informieren, viel dezentralisierter auch zu entscheiden, als es je zuvor der Fall gewesen ist. Vor zwanzig Jahren haben wir noch angenommen, daß die Computer dazu führen könnten, daß nur Großunternehmen überleben könnten, die sich den Großcomputer leisten können. Das ist heute längst überholt. Wir sind auf dem Wege in eine Dezentralisierung, die uns durch die Technik ermöglicht wird. Wenn wir diesen Weg noch nicht beschreiten, dann liegt es daran, daß wir im sozialen und im juristischen oder im Gesetzgebungsbereich diesen Weg nicht schnell genug öffnen können. Das heißt, meine Forderung und meine Hoffnung richtet sich auf eine zunehmende Individualisierung der Arbeitswelt und der Betriebswirtschaft; und zwar nicht in Anpassung an den Wandel der Umwelt, sondern vielmehr in Gestaltung des Wandels der Umwelt. Unsere Frage, werden wir morgen weniger oder mehr arbeiten, scheint mir in diesem Sinne wirklich eine Scheinfrage zu sein. Ich bin der Meinung, wir werden morgen so arbeiten, wie wir es heute vorbereiten, aber es wird anders sein.

Endress:

Wenn ich als Unternehmer nach Maßnahmen gefragt werde, dann nenne ich mehr Risikobereitschaft, mehr Innovationsbereitschaft, strikte leistungsorientierte Auswahl, laufende innerbetriebliche Schulung, kleine, flexible Unternehmenseinheiten und nach Möglichkeit Gespräche mit Gewerkschaften in kleinen Regionen, möglichst auf die Firmen begrenzt.

Dr. Rogge:

Ich kann Ihre Frage mit zwei Worten beantworten: weniger Staat. Und das meine ich sowohl aktiv, das heißt im Sinne einer massiven Deregulierung, und zwar im Gesamtbereich von der Beschäftigungsgesetzgebung bis zur Ladenschlußgesetzgebung und allem, was dazwischen liegt. Und ich meine es auch passiv, das heißt, ich würde lieber als eine formelle Legalisierung der Schattenwirtschaft die Unterlassung staatlichen Handelns im Bereich der Schattenwirtschaft sehen, das heißt also das Nichteingreifen des Staates.

Prof. Mey:

Ich kann anschließen an die Aussage von Herrn Rogge. Als Voraussetzung, daß es funktioniert, ist ein günstiges Akzeptanzklima zu schaffen für diese neuen Technologien, das aus verschiedenen Gründen noch nicht vorhanden ist. Da gehört Ausbildung dazu auf verschiedenen Stufen und Akzeptanzförderung auf anderen Stufen. Etwas beunruhigt bin ich als Nicht-Betriebs- und -volkswirtschaftler, in welchem Maße auch diese Diskussion gezeigt hat, daß man sich mit den bestehenden Arbeitslosenzahlen bereits abgefunden hat. Es scheint mir der gleiche Effekt vorzuliegen, wie bei den Gewerkschaften, denen man vorwirft, eine Vereinigung der Noch-Beschäftigten zu sein.

Zur Hauptfrage, werden wir morgen weniger oder mehr arbeiten: ich bleibe bei meiner These, daß die Entwicklung der Technik dazu führen wird, daß wir weniger zu arbeiten brauchen, um unseren Lebensstandard aufrechtzuerhalten. Einem der Diskussionsredner darf ich vielleicht noch antworten. Ich glaube, seine Jungen haben recht. Ich bin nicht sicher, wann das so weit ist. Es geht nicht so rasch. Ich bin aber überzeugt davon, daß die heutigen Jungen es erleben werden, daß diese Zustände mit den fünfzig Prozent Beschäftigung, verglichen mit dem heutigen Zustand, noch erreicht werden. Noch sind die Verhältnisse aber nicht reif, es wird noch eine Übergangszeit geben, bis das funktioniert.

Dr. Meyer:

Für mich besteht das Ziel darin, soviel zu arbeiten, wie wir wollen. Das heißt, die individuellen Wünsche der Menschen vermehrt in den Vordergrund zu stellen, in der Richtung denke ich genauso wie Herr Rogge. Herr Dahrendorf hat einerseits von Arbeit und andererseits von Tätigkeit gesprochen. Ich würde sagen, das Ziel besteht darin, die beiden Begriffe so nah aneinanderzubringen wie nur möglich. Die Initiativen dazu müssen sicherlich von den einzelnen ausgehen. Die einzelnen Unternehmer müssen die Möglichkeit schaffen, daß die bei ihnen Beschäftigten sich als – soweit das möglich ist – Tätige empfinden. Ansätze dazu sind zweifellos vorhanden.

Dr. Afheldt:

Und damit kommen wir nun wirklich zum Ende. Ich bin, so wie es Herr Rogge mit Voltaire gesagt hat, auch für das verantwortlich, was ich unterlasse. Ich unterlasse eine umfangreiche Zusammenfassung oder den Versuch dazu. Vielmehr werde ich mich mit wenigen Sätzen begnügen, die auch mehr ein Credo sind aus meiner Sicht.

Ich bin der Überzeugung, daß wir nicht am Ende eines sinnvollen Wachstums angelangt sind, ganz im Gegenteil; daß wir sogar in unseren Ländern eine Vielzahl von Aufgaben haben, die der Tätigkeit und sogar der Arbeit bedürfen, um sie zu bewältigen. Das gilt für die Dritte Welt natürlich in einem ungleich größeren Maße. Gleichzeitig wissen wir, daß unser heutiges Angebot an Produkten für diese Bedürfnisse nicht ausreicht, sondern daß wir es weiterentwickeln müssen. Genau darin liegt eine wesentliche Hoffnung für weiteres Wachstum, denn das heißt, daß wir neue, intelligentere Lösungen für vorhandene Probleme finden müssen.

Wir wären in der Lage, mit weniger Arbeit oder, wie Herr Dahrendorf gesagt hat, mit weniger fremdbestimmter Arbeit für alle Wohlstand zu schaffen, für alle mehr Freizeit zu schaffen und Arbeit oder Tätigkeiten für alle zu haben, aber irgendwo klemmt es an der Kybernetik. Wir sind offenbar nicht in der Lage, mangels sozialer oder organisatorischer Innovation, aus dieser ungeheuren Möglichkeit tatsächlich Realität zu machen. Wir dürfen angesichts der großen Arbeitslosenzahlen nicht vergessen, daß wir diese Innovation, die wir hier als etwas utopisch diskutieren, eigentlich schon heute oder morgen brauchten und eigentlich auch schon haben könnten.

Über die Autoren

Heik Afheldt, geb. 1937, studierte in Hamburg Betriebswirtschaftslehre. Er schloß 1961 sein Studium mit dem Dipl.-Kfm. ab. Nach verschiedenen Praktika in Unternehmen und einer Tätigkeit bei der EG in Brüssel promovierte er 1964. Im gleichen Jahr trat Afheldt in die PROGNOS AG, Basel ein. Seit 1969 ist er Mitglied, seit 1977 Vorsitzender der Geschäftsleitung der PROGNOS AG.
Er ist Mitglied verschiedener nationaler und internationaler Vereinigungen und Verbände sowie Herausgeber von Fachzeitschriften und Autor zahlreicher Veröffentlichungen.

Ralf Dahrendorf, geb. 1929, studierte Philosophie und Klassische Philologie in Hamburg (Dr. phil.) und Soziologie an der London School of Economics Ph. D. Er war wissenschaftlicher Assistent und später Beiratdozent an der Universität des Saarlandes. Als ordentlicher Professor für Soziologie war Dahrendorf an den Universitäten Hamburg, Tübingen und Konstanz.
Dahrendorf war Mitglied des Deutschen Bundestages und Parlamentarischer Staatssekretär beim Bundesminister des Auswärtigen 1969–1970, sowie Mitglied der Kommission der Europäischen Gemeinschaft 1970–1974.
Seit 1974 ist er Direktor der London School of Economics. Dahrendorf ist durch zahlreiche Veröffentlichungen und durch seine Vortragstätigkeit bekannt.

Georg Herbert Endress wurde 1924 in Freiburg im Breisgau geboren. Er studierte an der Abend-Ingenieur-Schule Zürich (ATZ) Ingenieurwesen. Nach Tätigkeit in Schweizer Industrieunternehmen, im väterlichen Unternehmen in Basel und Zusammenarbeit mit John Fielden von der Fielden Electronics, Manchester, UK, Gründung der L. Hauser KG (1953) und der Endress + Hauser GmbH + Co. (1957) in Lörrach; daraus entwickelte sich kontinuierlich die internationale Endress + Hauser-Gruppe, die heute in der Bundesrepublik, der Schweiz, in Italien, in den USA und in Japan Produktionsstätten für meßtechnische Geräte unterhält, und darüber hinaus 15 eigene Vertriebsfirmen in aller Welt hat. Insgesamt beschäftigt die Gruppe heute, die praktisch vollständig im Besitz der Familie Endress ist, 2000 Mitarbeiter.

Hansjürg Mey, geb. 1934, studierte Elektronik in Zürich und arbeitete danach als Entwicklungsingenieur auf dem Gebiet der fototechnischen Elektronik und der digitalen Nachrichtentechnik. Anfang 1976 wurde er Geschäftsleitungsmitglied für technische Entwicklung und Produktion der Hasler AG, Bern. Mey gründete die Software-Schule Schweiz. 1979 folgte er dem Ruf der Universität Bern auf den neugeschaffenen Lehrstuhl für Informatik.
Mey ist Verfasser zahlreicher Artikel und Referate im Spannungsfeld Technik–Wirtschaft–Gesellschaft–Wissenschaft, insbesondere im Bereich Mikroelektronik.

Peter G. Rogge, geb. 1931, studierte Volks- und Betriebswirtschaft an der California State Universität, sowie in Göttingen, Freiburg und Basel. 1957 promovierte er zum Dr. rer. pol. und arbeitete bei verschiedenen Forschungsinstituten. 1960 trat Rogge in die PROGNOS AG, Basel, ein und übernahm 1962 die Geschäftsführung. 1969 wurde er Vorsitzender der Geschäftsleitung der PROGNOS AG.
1977 wechselte Rogge zum Schweizerischen Bankverein und wurde Delegierter des Verwaltungsrates der PROGNOS AG.

Seit 1981 ist er Direktor bei der Generaldirektion des Schweizerischen Bankvereins; 1982 wurde er Vizepräsident des Verwaltungsrates der PROGNOS AG.
Rogge ist durch zahlreiche Veröffentlichungen und seine Vortragstätigkeit bekannt.

Heimfrid Wolff, geb. 1940, studierte Volkswirtschaft an den Universitäten Würzburg und Berlin (FU). Nach wissenschaftlicher Assistenz an der FU Berlin und der Universität Mannheim promovierte er 1970. Im gleichen Jahr trat er in die PROGNOS AG, Basel, ein. Seit 1982 ist Wolff stellvertretendes Mitglied der PROGNOS-Geschäftsleitung.

Personen- und Sachregister